일본이 선진국이라는 착각

일본이라는 착각

어제에 갇힌 일본에서 무엇을 배울 것인가

유영수 지음

Humanist

일본이 '선진국'이라는
믿음이 흔들리다

2008년 11월, 서울 대학로에서 수십여 개의 백골이 한 데 뒤섞인 채 발견됐다. 서울 시내 한복판에서 신원을 알 수 없는 사람의 뼈가 수십여 구나 발견됐다는 것만으로 갖가지 추측이 쏟아졌다. 경찰은 물론 국방부 유해발굴단까지 조사에 나섰다. 당시 〈뉴스 추적〉이라는 탐사보도 프로그램을 만들고 있던 나는 후배 기자와 함께 '대학로 집단 유골의 진실'을 파헤치기로 하고 취재에 들어갔다.

우리가 세운 가설은 혹시 생체실험으로 악명 높은 일본 731부대와 관련이 있지 않을까 라는 것이었다. 그러나 국내와 일본을 오가며 모은 기록을 비롯해 전문가들의 분석과 증언을 종합

5

한 결과, 우리는 서울대학교 의대의 전신인 경성제국대학(경성제대)과 경성의학전문학교(경성의전)에서 일제가 인종학 연구를 위해 대규모로 수집한 '한국인 유골 컬렉션'의 일부라는 결론을 내렸다.

나는 취재의 신빙성을 위해 경성제대와 경성의전 출신을 수소문하며 생생한 증언을 들었다. 대부분 우리 의학계의 태두였다. 돌아가신 분이 많았고 생존하신 분도 팔순을 훌쩍 넘겼다. 그분들의 증언을 들으며 새삼스럽게 느낀 게 있었다. 바로 '우리 의학계의 스승이 일본인'이라는 점이었다. 일제강점기를 겪은 우리 역사를 보면 자연스러운 사실인데, 나는 그 '당연함'을 그때까지 거의 의식하지 못하고 있었다는 점을 새삼스레 깨달았다.

나는 이를 계기로 그동안 무의식적으로 우리의 기원과 유래에서 일본을 뺀 것은 아닐까 의문을 품었다. '일본'이 뭉텅이로 빠졌기에 그동안 우리 역사를 이해하는 '맥락'이 뚝 끊겼던 것은 아닐까? 대학로에 묻힌 유골처럼, 우리가 의식하건 하지 않건 우리 안에 일본이 남긴 '유골'이 깊게 묻혀 있는 것은 아닌가 싶어 소름이 돋았다. 1년 동안 게이오대학에서 방문연구원으로, 3년 동안 일본에서 특파원으로 지내며 의문은 커져갔다. 우리와 너무 비슷한 일본의 모습에 깜짝 놀랄 때가 잦았기 때문이다. 어떨 때는 "어, 이것까지 비슷하네?"라며 허탈한 적도 있었다. 우리

일본이 선진국이라는 착각

일상의 사소한 것의 '원형'이 일본에 있었다.

처음에는 외면하고픈 기분 나쁜 충격이었지만, 제대로 알고 싶다는 오기가 생겼다. 왜 해방 이후 오랜 세월 일본에서 벗어나지 못했는지 따지고 싶었고, 분명히 그럴 만한 이유가 있을 것이라는 기대도 있었다. 2016년《일본인 심리 상자》를 쓴 뒤 '우리 안의 일본'이라는 주제를 잡고, 한국과 일본의 근현대 관계사를 다룬 책과 논문을 찾으며 본격적으로 알아가기 시작했다.

'우리 안의 일본'을 알기 위해서는 근현대 일본을 아는 게 먼저였다. 일본을 제대로 알지 않고서는 일본이 우리에게 미친 영향을 알 수가 없었다. 일본의 근대화 과정을 깊이 있게 공부해야 했다. 잘 알고 있다고 믿었지만 사실은 허술하게 짜 맞췄던, 일본인이란 퍼즐 조각이 점점 맞춰졌다.

그 와중에 2020년 코로나19 사태가 터졌고 일본은 대응 과정에서 충격적인 '민낯'을 보여줬다. '일본통'으로 통하다 보니 지인들로부터 "일본의 코로나 대처가 왜 저렇게 엉망이냐?"는 질문을 받곤 했다. 일본이 얄미워도 최소한 선진국이라고 믿고 있었는데, 너무 후진국 같은 행태가 벌어지고 있어 이해할 수 없는 건 물론이고 당황스럽기까지 하다는 반응이었다.

나는 그때마다 "적어도 지금의 일본은 선진국이 아니니까요."라는 말로 이야기를 시작했다. 그동안 '국뽕' 톤으로 일본을 이야기한 적이 결코 없었기 때문에 지인들은 '과격한' 첫 마디에 대부분 놀랐다. 하지만 왜 일본이 선진국이 아니라고 주장하는지 역사적 맥락을 중심으로 쭉 설명하면 대체로 수긍했다.

물론 일본은 여전히 GDP 3위의 '경제대국'이다. 경제뿐만이 아니다. 철통같은 치안과 깨끗한 거리, 친절한 시민들 그리고 사생활을 존중하는 사회 분위기 등 "역시 일본은 선진국이네!"라며 감탄할 부분이 적지 않다. 아시아에서 가장 먼저 '민주주의'를 채택한 나라도 일본이다. 우리가 독재로 신음할 때 자유로운 의사표현이 가능한 일본 사회는 한껏 부러움의 대상이었다.

그런데 왜 나는 일본이 선진국이 아니라고 말할까? '선진국'이라는 말을 듣고 머릿속에 떠올리는 이미지는 제각각이다. 그래도 공통분모를 꼽자면 경제력과 함께 민주화를 들 수 있다. 전 UN 사무총장 코피 아난은 선진국을 "사람이 자유롭고 안전하고 건강하게 살 수 있는 나라"라고 단순명료하게 정의했다. 코로나19 사태 이후 우리가 '선진국'에 대한 환상이 깨진 것도 세계 여러 나라가 이런 기대에 걸맞지 않은 모습을 적나라하게 보여줬기 때문이다. 이 기준에서 보면 현재의 일본은 확실히 '선진국'이 아니다.

모든 현상에는 이유가 있다. 이 책은 일본이 지금 보여주는 문제의 뿌리를 주로 일본의 근대화 과정에서 찾는다. 서구 열강의 식민지가 될지 모른다는 공포 속에 많은 것을 희생하며 오직 부국강병만을 목표로 근대화를 서두르다 보니, 일본은 기묘한 형태의 국가가 됐다. 무엇보다 오랜 전쟁과 '위로부터의 근대화', '밖으로부터의 민주화'라는 한계 탓에, 장기불황과 신자유주의라는 위기에 부딪치자 그동안 억누른 채로 미뤄뒀던 문제가 한꺼번에 쏟아져 나오고 있다.

이 책에 담긴 이야기를 접하고 나면 "우리도 마찬가지인데 이건 우리가 더 심하지 않나?"라는 부분이 적지 않을 것이다. 당연하다. '남 이야기'가 될 수 없는 이유는 우리야말로 일제강점기와 해방 후 1990년대 초까지 자의 반 타의 반 일본의 시스템을 이식·모방·학습해왔기 때문이다. 나는 이 과정에서 발생한 문제가 '압축 근대화의 후유증'이라고 생각한다. 속도를 우선해 인권과 민주주의를 후순위에 두는 것, 소통보다 권위주의적인 일처리를 중시하는 것, 낡고 일그러진 전근대적인 관행을 전통으로 감싸는 것이 대표적이다. 우리의 후유증에서 일본의 후유증을 보기도 하고, 그들 문제에서 우리 문제의 뿌리를 보기도 한다.

한 데 뒤섞인 문제를 털어내고 우리도 일본도 진짜 '선진국'이 되기를 바란다.

차례

I Part 1. 일본은 '선진 법치 국가'일까

I Part 2. 개인이 보이지 않는 사회, 일본

I Part 5. 일본은 '문화 선진국'일까

Part 1

일본은
'선진 법치 국가'일까

왜 닛산 회장은
'인질 사법'이라고 비난할까

"(나는) 이제 유죄가 전제되고 차별이 만연하며, 기본적인 인권이 무시되는 정의롭지 못한 일본 사법제도의 인질이 아니다."

2019년 12월 말 영화 같은 '악기 상자 일본 탈출극'을 벌인 카를로스 곤Carlos Ghosn 전前 르노·닛산자동차 회장이 레바논에 도착해 발표한 성명의 일부다. 도주의 정당성을 주장하는 변명인 셈이지만, 상당수 세계 언론은 그를 비난하기보다는 오죽했으면 그랬겠냐는 논조로 보도했다.

언론의 동정을 받은 이유는 그가 체포된 뒤 1년여 동안 일본 검찰과 재판부에서 받은 대우가 너무 가혹했기 때문이었다. 2018년 11월 도쿄지검 특수부에 금융거래법 위반 혐의로 전격 체포된 곤은 증거불충분으로 석방되었다가 다시 체포되었다. 보석으로 석방된 그가 기자회견을 열어 진실을 밝히겠다고 하자, 검찰은 또다시 그를 체포했다. 일본을 탈출하기 전 곤은 무려 네 차례나 체포와 석방을 반복했다.

그 과정에서 일본 검찰과 법원의 이상한 관행이 고스란히 드러났다. 곤은 변호인 입회도 없이 검찰 수사를 받았고, 가족을 체포하겠다는 협박까지 받으며 자백을 강요받았다고 주장했다. 서구 언론은 곤이 공정하지 못한 '이상한 종교재판'을 받는다며, 일본의 사법 체계를 계속 비판했다. 특히 피의자가 혐의를 인정할 때까지 장기간 구속하는 관행을 비꼰 '인질人質 사법'이라는 말이 자주 언급됐다.

"무한 구속으로 자백을 받아내는 체계"

당시 국제부에 있던 나는 시시각각 들어오는 곤 전 회장의 체포부터 도주의 전 과정과 일본의 반응을 보면서 약간 충격을 받았다. 특히 장기간 구속 수사 관행이 아직 남아 있다는 데 놀랐다. 지인들도 일본의 사법 체계가 너무 후진적인 것 아니냐고 말했다. 어떤 지인은 일거수일투족이 외국 언론의 주목을 받는 서구 유명 인사에게도 저렇게 노골적으로 인권을 침해한다면, 힘없는 일반 용의자는 어떤 대우를 받을까 싶어 몸서리가 쳐진다고 했다.

'인질 사법'이란 말은 곧 전 회장이나 서구 언론이 지어낸 말이 아니다. 원조는 일본의 변호사들이다. 일본 사법 체계가 피의자 구속, 즉 일종의 '인질' 상태를 우선한다는 점을 비판한 말이다. 얼마나 심하기에 인질이라는 표현까지 쓸까? 먼저 일본은 구속 수사가 기본이자 원칙이다. 가벼운 범죄가 아니면 영장이 청구되고, 법원은 구속영장을 쉽게 발부한다. 구속영장을 기각하는 비율은 지난 2018년 5.89%에 불과했다. 그나마 1990년에는 0.2%였는데, 부쩍 높아진 것이다.[1]

이뿐 아니다. 피의자 대부분이 구속되는데, 구속 기간도 사실상 무제한이다. 일본은 체포한 용의자를 최장 23일까지 구속할 수 있다. 그러나 구속 기간을 늘리기 위해 별건 수사를 이용하는 관행이 있어서 실제로는 기한이 없는 셈이다. 한국과 같은 심급審級별 구속 기한 연장의 제한도 없기 때문이다. 곤 전 회장은 체포된 뒤 무려 108일 동안 구금됐다.

장기간 구속하는 이유는 물론 자백을 받기 위해서다. 손쉬운 구속을 바탕으로 피의자를 압박해 혐의를 인정하도록 강요하는 셈이다. 첫 48시간은 변호사 입회도 안 돼 조력을 구할 수도 없다. 참고로 변호인 입회 금지는 '선진국' 가운데 일본에만 있다. UN 고문방지위원회가 2013년 이 같은 일본의 수사 관행을 반反 인권적 수사로 보고 '중세의 흔적'이라며 비판했을 정도다.[2]

그런 체계 덕분인지 피의자가 자백한 비율은 85%를 넘는다. 자백하지 않으면 구속하고, 한 번 구속되면 나오기 쉽지 않다. 2009년 비리 사건으로 체포돼 무려 165일간 구금됐다가 무죄를 선고받은 무라키 아쓰코村木厚子 전 후생노동성 국장은 검찰 조사에 대해 "링에 아마추어 권투선수(피의자)와 프로 권투선수(검찰)가 올랐는데, 심판도 코치도 없는 상황"이라며 인질의 막막함을 호소했다. 아무리 봐도 인권이 침해받는 구조다.[3]

또 곤 전 회장은 "일본의 형사사건 유죄율은 99.4%에 이르며, 검찰은 피의자의 방어권을 전혀 보장하지 않는다."고 주장했다. '유죄율 99.4%'라는 수치가 눈에 확 들어온다. 정말일까? 사실이다. 최근에는 조금 떨어져 97~98%대를 오가지만, 10여 년 전에는 이보다 더 높은 99.9%였다. 피의자가 재판에서 무죄를 선고받을 확률이 0.1%밖에 안 된다는 이야기다. 시즌 2까지 제작된 〈99.9 형사전문변호사99.9 刑事専門弁護士〉라는 일본 드라마까지 있을 정도로 '99.9%'는 유명한 숫자다.

'99.9%의 유죄율'은 양면성이 있다. 일본 검찰은 이 수치를 자랑스러워하고, 신화로 여긴다. 철저한 '정밀精密 사법'을 통해 유죄라고 확신이 드는 사건만 기소하기 때문에 재판에서 높은 유죄 판결을 끌어낸다고 주장한다. 곧 전 회장 탈주 직후 모리 마사코森雅子 당시 일본 법무장관도 서구 언론 보도에 반박하는 기자회견에서 "일본 검찰은 정확한 증거에 따라 유죄 판결 전망이 높을 때만 기소한다."고 강조했다. 틀린 말은 아니다.

그러나 피의자 처지에서는 너무 절망스러운 수치다. '기소=유죄', 즉 기소되면 재판에서 아무리 노력해도 무죄가 될 가능성이 희박하다는 이야기다. 웬만하면 구속되고 자백하지 않으면 장기간 구금되는데, 기소되면 거의 유죄라니. 기소되면 말 그대로 끝장인 셈이다. 상당수 일본 변호사와 법학자가 '99.9'라는 수치를 일본 사법 체계를 비판할 때 쓰는 이유다.

일본에서는 '무죄 추정의 원칙'이 지켜지지 않는다는 비판도 많다. 무죄 추정의 원칙은 형사재판에서 누구나 유죄 판결이 내려지기 전까지는 무죄로 추정한다는 원칙이다. 근대 형사법의 기본 중의 기본으로 여겨지는 제1원칙이다.

곧 전 회장도 이 부분을 문제 삼았다. 일본 검찰이 유죄를 전제로 자신을 압박했다는 것이다. 그런데 일본 법무장관이 반박하는 과정에서 이를 자인하는 꼴이 됐다. 그는 기자회견에서 "곧 전 회장이 결백을 주장하려 한다면 (일본) 사법의 장에서 정정당당하게 무죄를 증명해야 한다."고 말했다. 형사재판에서 입증책임은 검찰에 있고, 피고가 무죄를 증명할 필요가 없다는 당연한 원칙을 망각했다는 비판이 쏟아졌다. 과연 '망각'했을까? 평소

2018년 11월 도쿄지검 특수부에 금융거래법 위반 혐의로 전격 체포된 곤 전 회장은 증거불
충분으로 석방되었지만 다시 체포되었다. 일본을 극적으로 탈출한 곤 전 회장은 자신이 "정
의롭지 못한 일본 사법제도의 인질이 아니다."라고 주장했다. 사진은 인터뷰 중인 카를로스
곤 전 회장.

사진 출처 Wikimedia Commons

사법재판에 관한 인식이 무의식적으로 튀어나온 것은 아닐까?

왜 이런 일이 벌어질까? 일본 학자와 변호사는 먼저 '무오류無誤謬 신화'의 문제점을 든다. 일본 검찰에서는 자신들의 수사가 '완벽하다'는, 아니 '완벽해야만 한다.'는 강박이 너무 강하다는 것이다. 기소했는데 무죄를 받으면 담당 검사는 인사에서 좌천되고 평생 경력의 오점으로 남는다고 한다. 언제나 완벽한 수사를 할 수 있는 사람은 아무도 없다는 것은 자명한 진리다. 과학 수사 기법이 발전하면 새로운 증거가 나올 수도 있다. 따라서 오류가 있을 수 있음을 가정하고 제도적으로 보완 장치를 마련해야 하는데, 일본에서는 이를 권위의 실추, 불명예로 받아들이기 때문에 어렵다는 것이다.

이를 알 수 있는 대표적인 사례가 일본에는 수사기관을 검증하는 공적 독립기관이 없다는 점이다. 우리는 2017년 〈검찰과거사위원회〉가 설치돼 과거 검찰의 인권침해와 권력 남용을 검증하고 있다. 타이완에도 '감찰원監察院'이라는 공적 독립기관이 있어서 검찰에 재조사를 권고하고 재심을 청구하도록 한다. 검찰의 활동을 제3의 기관에 검증받는 것이 중요하다고 믿기 때문이다.

그러다 보니 일본에서는 '억울한 죄冤罪'를 구제하기가 정말 어렵다. 무죄라는 증거가 차고 넘쳐도 수십 년에 걸쳐 호소해야 겨우 재심이 받아들여지거나 그마저도 묵과된다. 일본 사법 역사상 재심을 통해 누명을 벗은 사건이 손에 꼽을 정도로 적고,

그중에는 62년 만에 무죄판결을 받은 사례도 있다. 모두 증거라고는 자백뿐이었던 사건이다. 더욱 놀라운 것은 사건을 담당한 경찰과 검찰, 재판관이 사죄한 사례가 단 한 번도 없다는 점이다! 우리 법정에서 가끔 나오는, 판사가 고개 숙여 국가가 지은 잘못에 대해 피해 당사자에게 사과하는 장면을 일본 법정에서는 꿈꿀 수도 없다는 이야기다.

"인권을 경시하는" 일본 형사사법

또 다른 이유는 피의자의 인권에 대한 무관심이다. 죄를 저지른 범죄자는 혹독한 통제와 엄한 처벌을 받아도 괜찮다는 이른바 '엄벌주의'가 지나쳐서 아직 혐의가 입증되지 않은 사람에게도 가혹하다는 것이다. 판사 출신으로《절망의 재판소絶望の裁判所》를 쓴 세기 히로시瀬木比呂志는 "일본 형사사법의 가장 큰 문제점은 그것이 철저하게 '사회 방위'에 중점을 두고 있으며, 또 철저하게 검찰관 주도여서 피의자나 피고인의 인권에는 무관심하기 때문에 억울한 죄를 낳기 쉬운 구조가 되어 있다는 점이다." 라고 지적했다.[4]

곤 전 회장 사건에서도 그런 점이 두드러졌다. 서구 언론에서 줄기차게 지나친 인권침해 문제를 지적했지만, 일본 검찰과 사법부 안에서는 인권 문제에 대한 자성론이 전혀 없었다. 오히려 왜 문제 삼는지 모르겠다며 불만을 표시했다. 이런 분위기다 보니 곤의 탈주극이 벌어진 뒤에는 인권을 더 제약하는 쪽으로 대책이 기울어진 것도 당연하다. 일본 검찰은 앞으로 도주를 막기 위해 보석 중인 피고인에게 GPS 경보기를 부착하는 방안을 추진하겠다며 한술 더 떴다.

그러다 보니 일본에서는 '용의자=범죄자'라는 공식이 통용되는 것 같다는 인상을 종종 받는다. 도쿄 특파원 시절, 일본 언론의 사건·사고 보도를 보면서 "아, 우리도 과거에 저랬는데……." 라고 느끼곤 했다. 용의자의 신원이 거침없이 공개돼서다. 아직 혐의만 받는 상태에서도 이름과 얼굴이 곧바로 보도된다. 우리도 1990년대 후반까지는 실명을 보도하는 게 관행이었다. 기사의 '신뢰도'를 높인다는 명분이었다. 당시 나도 그런 관행을 당연하게 여기고 고민 없이 기사를 썼는데, 지금 생각해보면 인권 감수성이 모자랐다.

비슷한 맥락에서 한국 변호사들이 일본 형사 법정을 보고 종종 이질감을 느끼는 장면이 있다. 구속 사건에서 피고인이 법정에 들어올 때 여전히 수갑을 차고 포승에 묶인 채라는 점이다. 피고인은 아직 확정판결을 받기 전이다. 따라서 가족을 포함해 여러 사람 앞에 굴욕적인 모습을 드러내는 것은 너무 가혹하다는 점 때문에 한국을 비롯해 여러 나라에서 폐지됐지만, 일본에서는 그대로 유지되고 있다.

인권에 둔감하다는 점은 국가기관 구성에서도 나타난다. 단적으로 일본에는 인권위원회와 같은 인권 전문 기관이 없다. 물론 국가기관이 없어도 인권을 잘 보장하면 문제가 없을 것이다. 예를 들어 미국도 연방 차원의 종합적인 인권기구는 없다. 이는 인권 감수성이 떨어진다기보다 주 정부의 독립성이 강한 미국의 특성 때문이다.

하지만 일본의 사례는 인권 보호에 큰 비중을 두지 않아서라고 보는 것이 타당하다. 일본에서 인권침해를 다루는 유일한 기관은 법무성 인권옹호국이다. 법무성 산하에 있다 보니 독립성 문제가 생긴다. 예를 들어 같은 법무성 산하 교도소나 구치소 시설 내에서 일어난 공권력에 의한 인권침해에 대해 적극적으로 나서기 어렵다. 아무래도 법무성 장관을 수장으로 두는 '같은 식구'이기 때문이다. 또 법무성 산하 일개 국이다 보니, 다른 부처의 제휴나 협조를 구하는 데 한계도 많다.

또 일본은 인권옹호위라는 독자적인 제도를 운용하고 있지만, 실효성이 떨어진다는 지적이다. 약 1만 4,000명이 넘는 인권옹호위원이 전국에 배치돼 있는데, 이들은 민간 자원봉사자여서 강제적인 조사권이 없고, 따라서 임의조사밖에 할 수 없다는 점이 이 제도의 맹점이다. 결국 인권침해 상담의 90% 이상이 기관 알선 또는 법률상 조언에 그치고 있어서 실질적인 도움이 되지

않는다는 평을 받고 있다.[5]

'검벌' 득세에서 '도쿄지검 특수부 신화'의 퇴색까지

일본 검찰은 어떤 과정을 거쳐 오늘날의 모습에 이른 걸까. '일본 근대 사법의 시작'인 메이지明治 형사소송법 체제에서 검찰의 힘은 법관이나 경찰보다 상대적으로 미약했다. 당시 일본 검사는 경찰과 예심판사를 중계하는 데 머물렀다. 핵심은 수사권이었고 수사의 주인공은 경찰이었다. 검사가 직접 수사하는 경우는 예외적이었다. 일본 정부 부처 내부에서도 경찰이 속한 내무성의 위상이 사법성을 앞질렀다.

그러나 일본 검찰은 서서히 실력을 키워나갔고, 정치 권력과 미묘하게 결탁함으로써 결국 커다란 권한을 손에 넣었다. 1920년대에는 특정한 검찰 인맥으로 이른바 '검벌檢閥'을 형성해 내각의 운명을 좌우할 정도로 영향력을 얻었고, 검벌은 군과 관료, 정당 세력과 함께 '제4의 권력'으로 불렸다. 당시는 판사와 검사가 같은 사법성 소속이었는데 검찰이 사법성을 장악하면서 법관보다 우월한 지위에 섰고, '검존판비檢尊判卑'라는 말까지 나왔다. 일본 검찰은 영국 법에서, 때로는 독일 법에서 검찰권 강화의 논리를 발견해 실제 입법에 반영했다. 1930~1940년대 전쟁 중에는

'전시 사법'으로 더 막강한 권력을 행사했다.[6]

　패전한 일본에 진주한 연합국 최고사령부GHQ는 검찰개혁을 강력하게 추진했다. 검찰이 군국주의 정책을 실행했던 주요 기관으로서 일본 민주화의 걸림돌이라고 봤기 때문이다. 사법부를 독립시키고 수사권도 경찰에 넘기고 검찰과 경찰의 상명하복 관계를 폐지하는 등 적극적으로 개입했다. 경악한 일본 검찰 관료들이 거세게 반발했지만, 미군정은 새로운 재판소법과 형사소송법 제정을 끝까지 관철했다.

　우리가 일본 검찰을 말할 때 떠올리는 '도쿄지검 특수부 신화'도 이런 배경에서 탄생했다. 전후 개혁을 통해 일본 검찰은 상대적으로 권력의 입김에서 벗어날 수 있었다. 1976년 '록히드 사건'과 1986년 '리크루트 사건'에서 당시 특수부는 살아 있는 정치 권력과의 싸움도 마다하지 않았고, 일본 검찰은 '거악巨惡을 파헤치는 두뇌 집단'이라는 찬사를 받았다. 당시 권위주의 정권 하에 있던 한국에서 일본 검찰이 보여준 '검찰다운 면모'는 부러움의 대상이었다.

　그러나 세월이 지나면서 '정의의 사도'로 인식됐던 일본 검찰 특수부 신화도 퇴색했다. 일본 검찰은 엘리트주의를 바탕으로 내부적으로 강력하게 뭉친 폐쇄적인 집단으로 전락했다는 평을 듣고 있다. 검찰권은 검사를 위한 권력으로, 국민의 이익과는 무관한 권력이 되었다는 비판을 받는다.

대표적인 예가 2010년 오사카 지검 특수부 현직 검사가 증거를 조작하기 위해 허위 공문서를 만들었다가 구속된 사건이다. 윗선 검사들은 조작 사실을 알고도 조직적으로 묵인하고 은폐했다. 이 사건은 일본에서도 감시와 견제를 받지 않는 수사 권력이 어떻게 자신들의 주인인 국민에게 흉기로 돌변할 수 있는지 적나라하게 보여줬다.

02

일본에 헌법재판소가
없는 이유는

최근 한일 갈등의 뜨거운 감자는 일제강점기 징용 피해자 배상 문제다. 일본이 수출을 규제하면서 내세운 가장 큰 명분이었고, 일본 정부는 일본 기업의 한국 내 자산 현금화 문제로 계속 우리를 협박했다. 일본 정부와 언론은 마치 한국이 국제법을 위반하는 '비상식적인 국가'인 것처럼 오도하며 비난에 열을 올리고 있다.

그런데 일본 정부와 언론의 행태를 보다 보면 이상한 논리가 눈에 띈다. 일본 전범 기업을 상대로 한 강제징용 피해자들의 배상 청구권은 소멸되지 않았다는 판결은 한국 대법원이 내렸는데도 마치 한국 정부의 결정인 양 취급한다는 점이다. 한국 대법원이 한국 정부의 의중대로 판결을 내렸다는 듯이 '대법원 판결=정부 결정'이라는 공식을 전제로 비난한다.

물론 이는 일본 정부와 언론이 싸움에서 유리한 고지를 차지하기 위해서라고 봐야겠지만, 한국과 다른 일본 내의 사정도 작용한다. 일본에서는 사법부가 '감히' 행정부의 정책을 거스르는 판결을 거의 하지 않기 때문이다. 어찌 보면 삼권분립이라는 민주주의의 기본 원칙이 지켜지지 않는 셈이다. 자신들이 그러니까 당연히 한국도 그러리라 생각한다고 볼 수 있다.

일본에는 헌법재판소가 없다. 위헌 심판은 우리의 대법원에 해당하는 최고재판소에서 한다. 우리로 치자면 대법원이 대법원과 헌법재판소의 역할을 동시에 하는 셈이다. 물론 함께 하건 따로 하건, 제대로만 한다면 문제가 없다. 미국은 연방대법원이 헌법재판소 역할도 한다. 문제는 일본의 최고재판소가 헌법재판소 기능을 사실상 포기했다는 점이다.

먼저 위헌·헌법불합치 결정 건수를 보자. 한국 헌법재판소가 1988년 9월 개소부터 2020년 12월까지 약 33년 동안 내린 위헌 결정은 655건, 헌법불합치 결정은 262건으로 모두 917건에 달했다.[7] 반면 우리보다 역사가 긴 일본 최고재판소는 1947년부터 2020년까지 74년 동안 불과 20건의 위헌 결정을 내렸다. 숫자가 전부는 아니지만, 확실히 절대적으로 적다. 내용 면에서도 20건의 위헌 결정 중 국민의 정신적 자유나 표현의 자유에 관한 것은 없었다. 부실했다는 비판이 나올 만하다.

회피·자제하는 최고재판소… '사법 독립'은 괜찮을까

왜 일본 최고재판소는 눈에 띌 만큼 위헌 결정에 소극적일까? 최고재판소는 사회적으로 논란이 되고 파장이 일 만한 사안에 대해 일부러 판단을 회피하거나 자제해왔다. 최고재판소는 이를 우아하게 국회와 정부의 "재량권을 폭넓게 존중"해서라고 표현한다. 일부에서는 사법 소극주의의 원인을 사회적 조화를 중시하고 분쟁을 피하는 일본의 문화적 특성에서 찾기도 한다. 최고재판소가 입법부에서 합의된 법률을 '사회적 합의'로 보고, 파기하는 데 부담을 가진다는 해석이다.[8]

그러나 사법부가 행정부 정책에 관한 판단을 회피한다면 민주주의의 기본인 '삼권분립의 원칙'을 지키지 못하는 것 아닐까? 사법부가 입법·행정부를 존중만 한다면, 이는 스스로 사법 독립을 부정하는 것이어서 결국 끌려다닐 수밖에 없다. 일본 내에서도 "삼권분립이 유명무실하다."는 비판이 종종 나온다.

일본 최고재판소는 이른바 '통치행위론'을 들어 자신의 책임

회피를 정당화한다. 통치행위론이란 정부나 국회가 펼치는 고도의 정치적 통치행위는 사법부 판단 밖에 있다는 이론이다. 문제는 통치행위를 어디까지 인정할 것인가다. 정부는 되도록 모든 정책을 통치행위로 인정받고자 한다. 우리도 과거 권위주의 정권 시대에 사법부가 정부의 초법적 정책을 번번이 통치행위라며 묵인했던 아픈 기억이 있다. 일본에서도 우려가 현실이 되고 있다는 비판이 많다. 일본 정부가 자체적으로 정책에 관해 초법적인 유권해석을 하며 정당화하는 경우가 적지 않기 때문이다.

더 큰 문제는 일본 사법부가 통치행위론을 들어 결정을 자제하거나 회피하는 법이 헌법이란 점이다. 헌법은 국민의 기본권 보장에 관한 법으로, '인권 보장의 최후 방어벽'이라고 불린다. 위헌 심사를 하지 않을수록 헌법은 있으나 마나 한 법이 되기 마련이고, 그만큼 인권침해 소지도 커진다. 더욱이 일본 사법부는 그동안 일관되게 '개인의 인권'보다 '국가의 이익'을 중시하는 모습을 보였다.

대표적인 사례가 논란 끝에 1999년 8월에 처음 제정된 일본의 〈국기와 국가에 관한 법률〉이다. 이 법은 굉장히 단출하다. "제1조 국기는 일장기로 한다. 제2조 국가는 기미가요君が代로 한다."밖에 없다. 한국처럼 형법으로 "국기를 손상, 제거, 오욕하면 처벌한다."는 규정도 없다. 나도 이 법률을 처음 보고 의아해서 혹시나 다른 조항이 없나 찾을 정도였다. 그만큼 자의적 해석이

가능해 악용될 소지가 많다는 이야기다.

실제 이 법률 제정 당시 일본의 진보진영은 분명히 이 법률이 과거처럼 국기와 국가에 대한 강제 규정이 되어, 사상과 표현의 자유를 침해할 것이라며 강력하게 반대했다. 일본 정부는 이 법이 반드시 국민의례를 강제하는 것은 아니라는 공식 견해를 밝히기도 했다. 하지만 우려대로 이 법의 강제가 곳곳에서 벌어졌고, 이에 반대하는 사람은 처벌을 받았다.[9]

특히 교육기관에서 첨예한 갈등이 벌어졌다. 교직원들이 일장기 게양과 기미가요 제창은 "군국주의 교육을 떠올리게 한다."는 이유로 따르지 않자, 학교 측이 이들을 업무 명령 위반으로 처벌하는 일이 연이어 발생했다. 도쿄에서만 수백 명의 교사가 처벌을 받았다. 처벌의 정당성을 따지는 재판이 곳곳에서 벌어졌는데, 그때마다 일본 사법부는 한 번도 교사의 손을 들어주지 않았다. 헌법의 사상과 표현의 자유 원칙을 적용하기보다 법률인 〈국기와 국가에 관한 법률〉을 우선했기 때문이다. 헌법보다 법률, 개인보다 국가를 우선시하는 일본 사법부의 성향이 명백히 드러난 것이다.

일본 사법부의 국가 편향은 곳곳에서 엿볼 수 있다. 최근 일본 최대의 극우 조직으로 화제가 된 '일본회의日本会議'란 단체가 있다. 그런데 이 일본회의의 명예회장이 최고재판소 수장을 지낸 미요시 도루三好達다. 2001년부터 2015년까지는 현역 일본회의 회장이었다. 우리로 치자면 대법원장이 퇴임 후 극우단체 회장을 맡은 셈이다. 미요시는 또 야스쿠니 신사의 후원조직인 '숭경봉찬회崇敬奉贊会'의 임원이기도 하다. 즉 극우 성향을 지닌 인물이 오랜 기간 법조계의 원로로 군림하면서 일본의 사회규범과 국가 정체성을 결정하는 판결을 내려왔다는 의미다.

판사가 특정 사상이나 정치 성향을 보이는 것 자체는 문제가 아닐 것이다. 하지만 이런 극우 인사가 법조계의 수장으로 활약해왔고, 아무리 퇴임 후라지만 자신의 정치 성향을 공공연히 내세운다는 것은 뭔가 이상하다. 더욱이 일본 최고재판소는 앞서 본 것처럼 우리 대법원과 헌법재판소의 역할을 동시에 맡는 곳이다.

'불평등조약 개정'에서 비롯된 일본 근대 사법

일본의 사법부는 왜 지금의 모습을 하게 됐을까? 먼저 일본의 사법 근대화 과정이 서구와 맺은 불평등조약 개정·철폐 운동과 밀접한 관계가 있다는 역사적 맥락부터 짚어야 한다. 일본 메이지 정부는 서구의 무력시위에 밀려 어쩔 수 없이 맺은 불평등조약을 개정하기 위해 필사적으로 매달렸다. 그도 그럴 것이 불평등조약 체결을 주도했던 고위 관리가 암살될 정도로 반발이 뜨거웠기 때문이다. 그중에서도 치외법권의 인정은 주권국가의 수치로 여겨졌기 때문에 개정에 엄청난 공을 들였다.

그러나 조약 개정 협상을 할 때마다 서구 국가들은 번번이 일본의 '사법 근대화 미흡'을 구실로 개정을 거부했다. 법과 재판 제도 근대화는 '문명국'의 주된 요소인데, 일본은 아직 멀었다는 것이었다. 불평등조약 개정이 절박했던 메이지 정부는 조건을 충족하기 위해 법전 편찬 등 사법 근대화를 서둘렀고, 결국 법의 내용보다 형식에 치중하는 결과를 불러왔다. 물론 일본의 다른 분야 근대화도 급하게 추진된 면이 강했지만, 사법 근대화는 정권의 운명이 달려 있는 문제라고 여겼기 때문에 조급함이 훨씬 더했다. 그러다 보니 근대법의 핵심 가치인 인권, 입헌주의, 민주주의, 자유주의 등에 관해 고민이 거의 없었고, 소홀히 다뤄질 수밖에 없었다. 기존 일본의 봉건적 가치관은 그대로 둔 채 서구의 법체계만 따온 기묘한 모습이 된 것이다.

이런 맥락에서 처음 제정된 메이지 법체계는 상당히 봉건적인 색채가 짙다. 문제는 이런 메이지 법체계와 법이념이 지금까지도 상당한 영향을 미치고 있다는 점이다. 일본의 법체계는 제 2차 세계대전 패전 이후 분명히 제도적으로 미국의 영향을 받았지만 영향은 지극히 제한적이었고, 주로 옛 메이지 법체계를 계승했다.

미국은 승전 전부터 일본 사법부 개혁을 중요 과제로 생각했다. 일본이 군국주의로 치달은 데는 사법 체계의 문제도 크게 작용했다고 봤기 때문이다. 특히 사법부의 독립이 핵심이라고 보고, 승전 직후 연합국 최고사령부의 강력한 주도로 사법 개혁을 통해 제도적으로는 어느 정도 '행정부로부터의 재판소 독립'을 실현했다. 평화헌법과 형사소송법 개정이 대표적이다.

하지만 인적 쇄신까지는 힘이 미치지 못했다. 재판관들은 전쟁 책임에 관해 전혀 문책받지 않았고, 공직에서 추방당하지도 않았다. 대부분 재판관의 법의식은 전쟁 이전과 거의 바뀌지 않았고, 그들은 그대로 사법부의 중심 세력이 됐다.

대표적인 사례가 초대 최고재판소 재판관 구성이다. 연합국 최고사령부가 재판관 추천을 일본 사법계에 맡겼더니, 옛 법조계 간부 일색으로 뽑았다. 사법개혁을 주도한 앨프리드 오플러 Alfred C. Oppler가 "괜찮은 사람은 다 떨어졌다."고 탄식할 정도였다.[10] 좋은 제도를 만들었지만 그 제도를 운용할 사람은 정작 개혁에 반대하는 사람들로 채워진 것이다. '새 부대에 헌 술을 담은' 격이 됐으니 제대로 돌아갈 리가 없었다.

그래도 패전을 계기로 일본 사법계가 각성하지는 않았을까? 그렇지 않다는 점은 1946년 일본 사법계가 연합국 최고사령부에 제출한 헌법개정요강을 보면 알 수 있다. 헌법개정요강과 구 메이지 헌법이 다른 점은 행정소송을 사법재판소가 담당하는 것뿐이었다. "사법권은 천황의 이름으로 헌법에 따라 재판소가 행한다."와 같은 봉건적 규정조차 그대로 둘 정도였다. 패전 전과 바뀐 것이 전혀 없었다. 패전 전과 후는 '단절'되지 않고 '연속'됐던 셈이다. '국가와 천황을 우선하는' 인물들이 패전 이후에도 일본 사법계의 주류가 되면서, 새 헌법이 지향한 개인의 기본권 보장은 말 그대로 이름뿐이었다.

"판관은 천황의 관료"

일본 사법계를 이야기할 때 또 자주 하는 표현이 '관료 사법'이다. 국민 위에 군림하려는 권위주의 경향이 굉장히 강하고, 재판을 주관하고 판단하는 법관이라기보다 행정 관료에 가깝다는 이야기다. '법복을 입은 공무원'이라고 표현할 정도로 관료주의 성향이 강하다. '법치주의'가 아닌 '관치주의'라는 비판도 나온다.

물론 모든 나라의 법관은 권위주의적이다. 특히 영미법과 비교해 대륙법을 채택하는 나라들이 그렇다. 그렇지만 우리의 법원행정처에 해당하는 사무총국을 중심으로 상명하복, 상의하달의 피라미드형 위계질서를 특징으로 하는 일본의 사법부는 관료주의 정도에서 타의 추종을 불허할 정도로 유명하다.

이런 특징 또한 봉건적 메이지 법의식이 패전 후에도 그대

일본이 선진국이라는 착각

로 이어졌기 때문이다. 메이지 법의 기본 개념은 '사법 관료=천황의 관료'였다. 백성 위에 군림하는 '천황의 관료'라는 권위주의가 민주주의하에서도 그대로 유지된 것이다. 윗사람인 법관이 잘 알아서 처리해줄 테니, 백성은 입 다물고 거기에 따르면 된다는 봉건적이고 고압적인 법의식이 여전히 강하게 남아 있는 셈이다.

물론 관료 사법을 만드는 이유로 추상적인 '메이지 법의식'만 들 수는 없다. 일본 법학자들은 판사의 수가 절대적으로 부족하다는 점도 이유로 든다. 〈일본 재판소 직원 정원법〉에 따르면 판사보와 간이재판소 판사까지 합쳐서 모두 3,881명이다.[11] "너무 판사가 적어 살인적인 사건 수를 담당한다."는 비판이 나오는 한국의 판사 정원이 3,214명이라는 점과 비교하면 얼마나 적은 인원인지 확연히 드러난다. 일본의 인구가 한국의 2.4배가 조금 넘으니 한국 판사 정원의 반밖에 안 되는 셈이다. 서구 국가와 비교하면 인구 10만 명당 판사의 숫자가 미국이 일본의 4.6배, 독일은 11.0배나 된다.[12]

더욱이 해마다 사건은 늘어나는데 2003년부터 〈재판 신속화에 관한 법률〉이 시행되면서 2년 이내에 사건을 끝내야만 한다는 부담까지 얹어졌다. 주로 재판 처리 건수로 판사의 인사평가를 하므로 일선 판사들은 결코 이를 무시할 수 없다. 〈99.9 형사 전문변호사〉나 〈리갈 하이ㄷㄷ 〉 같은 일본의 법정 드라

마에서 판사들이 "재판 처리 건수 실적이 좋지 않다."며 상사 판
사에게 재촉을 당하는 장면이 종종 나오는 이유다. 재판의 '질'
보다 '양'을 따지고, 인사권이 중앙에 집중된 사법체계에서 '오
직 사건 처리에만 전념하는 관료'가 나오는 것도 당연하지 않을
까? 여기에 더해 보수적인 전통에다 앞서 본 것처럼 행정이나 입
법의 통치행위에는 되도록 관여하지 말고, 이목을 끄는 판결도
해서는 안 된다는 생각이 사법부에서 지배적이라면 어떨까? 누
구라도 그런 분위기에서 굳이 골치 아픈 재판을 맡거나, 판사의
본분과 국민의 인권 보장 등을 말하기는 어려울 것이다.

　일본 사법계는 과거 한국의 권위주의 시대나 제3세계에서 볼
수 있는 명백한 부패나 정권과의 야합과 같은 모습을 보여준 적
이 없다. 그래서 국민의 신뢰를 얻었다. 특히 가장 부러운 부분은
한국 법조계의 폐단이라 불리는 전관예우 현상이 거의 없다는
점이다. 판사나 검사가 정년까지 근무하는 관행이 정착되어 있으
며, 퇴직하더라도 변호사로 개업하는 경우가 흔하지 않고, 학연
과 지연을 중시하는 분위기가 없는 점 등이 이유로 거론된다. 그
배경에는 판사와 검사의 경제적 처우 보장, 고위직 판사들도 퇴
직 후 공증업무에 종사하는 사회적 관행 등이 자리한다고 한다.

　그러나 일본의 사법체계를 선진적이라거나 우리가 지향해야
할 목표라고 말할 수는 없을 것 같다. 자칫하면 사법의 '인질'이
되고, 한 번 기소되면 끝장이 나며, 개인보다 국가를 우선하고,

인권 보장에 소극적인 일본의 법원과 검찰을 '선진' 모델로 삼기에는 우리 사회가 그동안 이룩한 것이 많다. 사법부가 사회질서를 유지하는 역할 이외에도 인권을 지키는 최후 보루가 되고, 약자와 사회적 소수를 지지하는 역할도 해주기를 원하기 때문이다.

법원·검찰청 → 경찰서 → 군청 …
우리 무의식 속 권력 서열?

'우리 안의 일본'이라는 주제로 친한 판사와 대화를 나눈 적이 있다. 그는 내 말을 듣다가 자신이 광주지방법원 장흥지원에 부임했을 때 경험이 떠올랐다고 했다. 그가 강하게 '우리 안의 일본'을 느꼈던 것은 다름 아닌 국가기관의 위치 때문이었다. 비교적 옛것이 고스란히 보존된 장흥에는 가장 높은 곳에 지원과 지청, 다음에 경찰서, 가장 아래에 행정기관인 군청이 자리 잡고 있다고 했다. 기관들의 지금 터가 정해진 건 일제강점기로 알고 있는데, 그건 당시 일본인이 생각했던 '권력 서열'이 반영된 것 아니겠냐는 이야기였다. 그리고 그 서열은 지금도 우리 무의식 속에 작동하고 있는 것 같다고 했다.

흥미로운 가설이었다. 조선 시대 고을 수령이 전부 맡았던 재판과 경찰, 행정의 세 가지 업무가 분화된 시기가 일제강점기였다는 점에서 충분히 설득력 있었다. 얼마 전까지 판검사들에게 '영감님'이란 호칭을 붙였던 우리 옛 관행이 일제강점기에 생겨났다는 점을 고려하면, 영 틀린 이야기는 아닐 것이다.

일제강점기에 그들이 결정했던 것은 법원·검찰청 자리나 호칭뿐만이 아니었다. 더 중요한 것이 그때 정해졌고 알게 모르게 지금까지 이어지고 있다. 안타깝게도 근대적 의미의 사법제도도 '유쾌하지 않은 서구 매개자' 일본을 통해 들어왔기 때문이다.

가장 대표적인 것이 국민 실생활에 미치는 영향이 크다는 민법이다. 한국 민법전은 "로마법 대전과 함께 세계에서 가장 난해한 법전"으로 불리는데, 대략 60%의 조문이 일본 민법의 조문을 직역한 것이어서 일본식 용어와 표현으로 가득 차 있다.[13] 1958년 제정 이후 정비되지 않고 있다가, 쉬운 표현과 단어로 바꾸자는 '알기 쉬운 민법' 개정 작업에 본격 착수해 최근에야 결실을 보고 있다.

한국은 오랜 세월 뼈를 깎는 사법·검찰 개혁이 계속됐다. 특히 민주화운동 이후 많은 것이 바뀌었다. 이제는 '과거에 머물러 있는' 일본보다 훨씬 민주적이라고 자평할 수 있는 부분이 많아졌다. 권위주의와 특권을 적지 않게 내려놓았고, 인권 보호의 든든한 방어벽이 되고 있다. 국민을 위한 사법 서비스 정신도 놀랄 만큼 개선됐다.

그래도 여전히 갈 길은 멀다. 사회는 우리 법조계의 개혁 또

개혁을 요구하며 '국민의 사법'으로 거듭나길 바라고 있다. 일본 국민이 자국 법원·검찰에 기대하는 것과 우리 국민이 우리 법원·검찰에 기대하는 것은 다르지 않을 것이다.

03

왜 일본에서는
미투 운동이 활발하지 않았을까

"어, 그러네요. 이상하네⋯⋯." 일본에서 '미투MeToo 운동'이 거의 없었다는 사실에 많은 사람이 놀란다. 2017년 이후 전 세계적으로 퍼져나갔던 미투 운동의 불길이 워낙 거셌기 때문이다. 실제 주요 경제협력개발기구OECD 국가 가운데 일본만 거의 유일하게 잠잠했다.

미투 운동의 기폭제, 즉 고발이 없었던 것은 아니었다. 2017년 이토 시오리伊藤詩織는 2년 전 TBS 기자에게 성폭행을 당했다는 사실을 용기 있게 폭로했다. 일본에서 성폭력 피해자 중 최초로 신분을 공개한 사례였다. 하지만 피해자 이토는 오히려 각종 협박에 시달리고, 가해자를 유혹한 '꽃뱀' 취급을 당했다. 견디다 못해 영국으로 피신할 정도였다. 이토 이후에도 자신이 당한 성추행 사례를 고발한 유명인들이 있었지만, 역시 2차 피해가 일어났다. 다른 나라와 달리 강한 역풍이 불면서 미투 운동의 불씨가 타오르지 못하고 잦아든 것이다.

왜 일본에서 미투 운동이 확산하지 못했을까? 언론들은 이토 시오리 사례에서 보듯이 폭로 자체가 어렵고, 폭로해도 처벌을 기대할 수 없으며, 폭로 이후 부는 역풍이 피해자를 괴롭히는 일본 사회 분위기 때문이라고 지적했다. 실제《아사히신문》조사에서 독자의 88.9%는 미투 운동에 공감한다면서도, 92.9%가 "일본 사회는 추행 등 성폭력 피해의 목소리를 내기에 좋은 사회가 아니다."라고 답했다.[14] 더욱이 성차별 의식을 내면화한 여성이 적지 않은 것도 걸림돌로 작용한다. 같은 여성이지만 피해자를 지원하기보다 오히려 비난하거나 방조한 셈이다.

판결에 항의해 꽃을 든 일본 여성들

2019년 4월부터 매월 11일 일본 각지에서 여성단체 주도로 '플라워 시위'가 열리고 있다. 시작은 성범죄자들이 무죄판결을 받은 일에 항의하기 위해서였다. 시위를 벌일 만큼 일본 각지에서 '가해자에게 한없이 관대한' 판결이 잇따랐기 때문이다. 2019년 3월에만 후쿠오카를 시작으로 시즈오카, 나고야, 다시 시즈오카의 지방법원에서 명백한 성폭력 가해자에게 무죄판결이 내려졌다. 한 달 동안 무려 네 건이나 됐다는 점도 놀랍지만, 그 판결 내용을 보면 하나같이 어이가 없다.

후쿠오카 지방법원 구루메 지부는 지난 3월 12일 만취 상태의 여성과 성행위에 이르렀다가 준강간죄로 기소된 남성에 대해 무죄판결을 내렸다. 재판부는 여성이 저항하지 못한 상황을 인정하면서도, "여성으로부터 명확한 거절의 의사가 나타나지 않아 남성이 여성이 합의한 것으로 착각했다."고 판단했다.

이어 3월 19일, 시즈오카 지방법원은 강제성교 치상 혐의로 기소된 피고인에게 무죄를 선고했다. 재판부는 남성이 폭력을 행사하는 상황에서 여성이 반항하기 어려웠다고 보았으나, "여성이 저항할 수 없었던 이유는 정신적인 이유"라며 "피고가 분명하게 알 수 있는 형태로 여성이 저항한 것은 없었다."고 판시했다.

또 나고야 지방법원은 지난 3월 26일 자신의 딸을 중학교 2학년 때부터 상습적으로 성학대한 아버지에게 무죄판결을 내렸다. 법원은 딸이 아버지로부터 성적 학대를 당했다는 사실을 인정했다. 하지만 딸이 자신의 옷을 벗긴 아버지의 차를 타고 호텔에 갔다는 이유로 "피해자가 저항하려고 했으면 저항할 수도 있었다."
고 판단했다.

마지막으로 3월 28일, 시즈오카 지방법원은 사건 당시 12세였
던 딸을 2년 동안 일주일에 세 번 정도의 빈도로 강간하고 추행한
혐의로 기소된 아버지에게 무죄를 선고했다. "집이 좁아 피해자의
증언을 신뢰할 수 없다."는 이유였다.[15]

네 건의 판결에는 모두 공통점이 있다. 성폭행 자체는 인정하
지만, 피해자가 "명백한 저항·반항 의사를 보이지 않았다."는 점
을 무죄의 근거로 삼았다는 점이다. 재판부가 성범죄 형법 조항
중에 "피해자가 저항하지 못하는 상태에서 범행"해야 한다는 성
립 요건을 들어 피해자가 폭력이나 협박에 저항할 수 있었다고
본 것이다. 일본 여성단체들도 이 독소조항의 문제점을 알기에
개정에 온 힘을 기울이고 있다. 법무성에 '동의 없는 성행위'를
처벌하는 이른바 '부동의不同意 성교죄' 신설을 요구하고 있다.

그러나 당장 개정은 쉽지 않다는 전망이다. 지금 일본의 성범
죄 형법은 지난 2017년 개정되어 성범죄 처벌을 강화하고, 피해
자의 고소로 기소할 수 있게 했다. 당시 여성단체들의 끈질긴 노
력 끝에 무려 110년 만에 처음으로 성범죄 형법을 개정한 '쾌거'
였다. '110년'이라는 세월이 보여주는 것처럼 보수적인 일본 사
회가 몇 년 만에 다시 개정에 나설 가능성은 적다는 이야기다.

성범죄자들이 무죄판결을 받은 일에 항의하기 위해 2019년 4월부터 매월 11일 일본 각지에서 여성단체 주도로 '플라워 시위'가 열렸다. '가해자에게 한없이 관대한' 판결이 잇따랐기 때문이다.

우리와 비슷하다는 느낌이 들 것이다. 일본보다는 '상대적으로 덜하지만' 한국도 명백한 폭행 또는 협박이 없었다는 이유로 성폭행으로 인정받지 못하는 경우가 적지 않다. 그래서 우리도 성범죄 관련 비동의 강간죄 신설이 뜨거운 쟁점이 되고 있고, 여성 국회의원과 단체 들의 개정 운동이 집중되고 있다. 미국과 영국 등 서구권에서는 이미 오래전부터 비동의 강간죄를 폭넓게 운용하고 있다.

한국과 일본이 비슷한 문제점을 갖는 이유는 뿌리가 같기 때문이다. 바로 가부장적인 메이지 형법이다. 현재 강간을 인정하는 통설과 대법원 판례는 대체로 법률용어로 '최협의最狹義설'을 따른다고 말한다. 강간이 성립하는 조건을 '반항을 불가능하게 하거나 현저히 곤란하게 할 정도'라고 정의하며 가장 엄격한 잣대를 들이대는 것이다. 가장 좁게 해석하다 보니 그동안 상식 밖의 판례를 수없이 낳았던 이론으로 불린다.

그런데 그 뿌리가 일본 법학자에게 있다는 주장이 제기됐다. 한인섭 서울대학교 법학전문대학원 교수는 "최협의설의 시작은 독일 법 해석론을 잘못 들여온 일본 법학자 마키노 에이이치牧野英一 교수"라고 주장했다. 당시 독일로 유학 간 마키노 교수가 강간죄 구성 요건인 폭력이 '생명·신체에 대한 현재의 위험을 초래하는 것'이라는 해석을 들여왔고, 이것이 일제강점기 조선 법률가들을 거쳐 현재까지 굳어졌다는 것이다. 한 교수는 "독일에서는 폭력의 정도가 경미한 경우에도 강간죄를 인정했는데, 마키노는 이 점을 완전히 무시했다."고 비판했다.[16] 유래가 어찌 됐건 '잘못 들여온' 또는 '의도적으로 오역誤譯한' 해석을 지금까지 유지해온 건 결국 사회의 여성 인권에 대한 감수성으로 해석해야 하지 않을까. 현재 서구권 국가는 최협의설을 완전히 폐기했다.

"시대착오적인 옛 메이지 민법이 통용되는 나라"

메이지 형법뿐이 아니다. 일본에서는 메이지 민법도 여성 차별적인 조항으로 인권을 제약하고 있다. 110여 년 전 당시 봉건적인 가부장제 의식을 반영한 옛날 법이 지금도 위력을 발휘하며 발목을 붙잡고 있는 셈이다. 시대착오적이라고 할 수 있다. 대표적인 사례 두 가지만 보자.

먼저 일본에서는 여성의 재혼 금지 기간이 법으로 정해져 있다. 이혼 후 태어난 아기의 아버지가 누구인지에 관한 혼란을 막기 위해서다. 그나마 2015년 일본 최고재판소의 위헌 판결로 재혼 금지 기간이 6개월에서 100일로 단축됐다. 1898년 메이지 민법 시행 이후 무려 117년 만에 완화된 셈이다. 여성단체들이 DNA를 통한 친자 감정기술이 발달했는데 바꿔야 하지 않느냐며 끈질기게 요구한 덕분이다. 그런데 왜 법을 폐지하지 않고

100일이란 유예기간을 뒀는지 법적 또는 과학적 근거를 밝히지는 않고 있다. 참고로 메이지 민법의 많은 조항을 이어받은 한국 민법에도 역시 같은 조항이 있었지만, 2005년 삭제됐다.

다른 하나는 부부동성제도夫婦同姓制度, 즉 부부가 같은 성을 쓰도록 하는 제도다. 일본에서는 혼인신고를 할 때 부부의 성을 하나로 통일해야 한다. 사실상 남편 성을 따르라는 제도로, 그 비율이 96%에 달한다. 이 제도는 이혼할 때 자녀가 성이 달라 차별을 받는 문제 등 남녀 불평등을 조장한다는 비판을 받아왔다. 또 여성이 결혼한 뒤 각종 신분증과 서류를 모두 새 이름으로 다시 발급받아야 하는 등의 현실적 불편도 커서 부부별성제도夫婦別姓制度로 바꿔야 한다는 목소리가 높다. 《마이니치신문》은 "부부동성을 법으로 강제하는 것은 세계에서 일본이 유일하다."고 지적했다.[17] 국민 여론도 바뀐 시대상을 반영하지 못하는 이 제도에 부정적이다. 2020년 《아사히신문》 여론 조사에서는 부부별성제도 도입에 69%가 찬성한다고 답했고,[18] 다른 조사에서도 71%의 찬성률이 나왔다.[19]

그러나 부부별성제도 도입은 번번이 좌절됐다. 보수적인 일본 사법부와 집권 자민당이 완강히 반대하고 있기 때문이다. 여러 차례 위헌 소송이 있었지만 2020년에도 부부동성제도는 합헌 판결을 받았다. 최고재판소는 "부부가 같은 성을 쓰도록 하는 민법 규정이 일본 사회에 하나의 문화로 정착했다."는 취지의 판결을 내렸다. 자민당은 지난 2020년 12월에 부부별성제도와 관련해 오히려 이전보다 후퇴한 당 공식안을 내놓았다. "남편 성을 따르지 않으면 가족이 무너진다."고 믿는 보수파 의원이 당내 다수를 차지하고 있기 때문이다.

특이한 점은 일본의 대표 극우단체인 일본회의가 부부동성제도를 전력투구해 지키려 한다는 점이다. 사법부와 자민당이 소극적인 이유도 일본회의를 필두로 하는 우익단체들의 입김이 워낙 거세서라고 한다. 그들 역시 부부동성제도는 자랑스러운 일본의 전통이라고 주장하고 있다. 일본회의는 왜 부부동성제도에 집착할까? 그들은 천황 중심의 메이지 체제가 최고라고 믿고 있으며, 메이지 시대의 가부장 질서로 돌아가기를 꿈꾸고 있기 때문이다.

그러나 아이러니인 게 그들의 주장과 달리 부부동성제도는 일본의 오래된 전통이 아니다. 1868년 메이지 유신 이후 만들어진 불과 150년의 역사를 가진 제도다. 에도 시대 사무라이 계급에만 있던 관습인데, 메이지 시대에 국가 상징인 천황 중심으로 사회 전체를 수직적으로 통합하며 뼈대를 만드는 과정에서 부부동성제가 탄생한 것뿐이다. 즉 근대 국민국가를 만들기 위해 '발명'된 제도다.

각종 '모성 신화'의 유포···
'삼세아 신화'와 '모원병'

'모성母性 신화'란 말이 있다. "여성은 본능적으로 모성애를 갖고 있다."는 믿음이다. 일본은 모성 신화가 널리 퍼져 있는 사회다. 대표적인 것이 "세 살까지는 어머니가 아이를 키워야 하며, 그러지 않으면 아이들에게 돌이킬 수 없는 악영향을 준다."는 이른바 '삼세아三歲児 신화'다. 삼세아 신화는 1961년 이케다 하야토池田勇人 내각의 '인재육성정책'과 함께 '삼세아동 검진'이 시작되면서 널리 퍼졌다. NHK에서는 〈삼세아〉라는 프로그램을 방영하기도 했다.[20]

또 1970년대에는 어머니의 양육방식 때문에 아이의 병이 생긴다는 이른바 '모원병母原病'이란 말이 유행어였다. 모원병은 일본 정신과 의사 규토쿠 시게모리久德重盛가 1979년 발간한 책에서 유래된 말이다. 과학적 근거는 없었지만, 책이 100만 부 넘게 팔리고 언론이 크게 보도하면서 사회현상이 됐다. 규토쿠는 "아동의 신체적·정신적 병의 60%는 어머니가 아이를 대하는 방식에 원인이 있다."는 섬뜩한 주장을 펼쳤다.[21]

그러나 지나친 모성 신화가 사회적으로 문제가 되자 정부까지 진화에 나섰다. 1998년도 후생백서에는 "역사적으로 보아 보편적인 것이 아니며 대부분의 육아는 아빠(남성)도 수행할 수 있기 때문에 합리적 근거를 인정할 수 없다."며 부정할 정도였다. 하지만 워낙 뿌리가 깊은 탓일까? 최근까지도 일본 정치인들의 공개적인 '모성애' 발언이 이어지고 있다. 2018년 당시 하기우다 고이치荻生田光一 자민당 간사장 대행은 "0~3세 아기에게 아빠와 엄마 중 누가 좋은지 물어보면 당연히 엄마가 좋다고 한다. 말로는 남녀 공동 참여 사회라거나 남자도 육아를 해야 한다고 근사하게 말해도 이는 정작 아이에게는 폐가 되는 이야기"라고 말했다.[22]

광범위한 모성 신화의 유포는 정서적·심리적 가치관으로 깊숙하게 받아들이는 '내면화'로 이어진다. 가장 놀라운 사실은 일본 여성 중에 제왕절개나 무통분만으로 출산하면 "자식을 제대로 낳지 않았다."는 죄책감에 시달리는 사람이 많다는 점이다.

2018년 《아사히신문》은 무통 분만한 여성이 "나는 이기적인 여자"라고 생각하고, 제왕절개를 선택한 여성이 자연 분만한 다른 엄마들 앞에서 죄인처럼 고개를 못 드는 현실을 보도했다. 그들은 심지어 "스스로 아기를 낳지 못했다는 죄책감"에 '엄마 실격'이라고 자책까지 한다고 했다. 실제 일본 후생노동성 조사에서 무통분만을 선택한 일본 여성의 비율은 5.3%에 불과했다. 프랑스가 60% 안팎, 미국이 40%대, 우리도 무통분만이 일반화된 점을 고려하면 믿기 어려운 수치다. 모성 신화가 '자연분만 숭배'로까지 이어진 안타까운 사례다.[23]

출산에 대한 사회적 강박관념이 이 정도면, 육아는 얼마나 힘겨울지 짐작될 것이다. 모성 신화의 내면화는 엄마가 모든 것을 책임지는 '독박 육아'로 이어지고 있다. 적지 않은 일본 엄마가 일일 육아와 같은 공공 육아 서비스를 달가워하지 않을 정도로, 자기 이외에 누군가에게 육아를 맡기는 데 일종의 저항감이 있다고 한다.

이렇게 엄마들 스스로 모성 신화를 내면화하지 않으면 일상을 버티기가 쉽지 않다. 사회적으로 엄마만 육아를 책임지는 상황을 당연시하는 분위기가 너무 강해서다. 예를 들어 아이가 민폐를 끼치는 행동을 했다면, 엄마에게 육아 소홀을 이유로 비난이 쏟아진다. 유명인이 공공연하게 "엄마가 문제"라는 발언을 거침없이 내뱉기도 한다.

어느 정도인지 알 수 있는 대표적인 사례가 유모차를 끌고 지하철에 타는 문제가 사회적 논란이 된 일이다. '지하철 유모차 승차'가 민폐인가 아닌가로 시끌벅적했다. 《일본인 심리 상자》를 쓸 때 이 사례를 알아보면서 속으로 놀랐다. 왜 이게 문제가 되는지 도저히 이해할 수 없었기 때문이다. 그때까지 나는 당연히 일본은 선진국이니까 여성에 대한 존중이 강한 사회일 것이라는 막연한 믿음이 있었다. 하지만 일본의 여성 문제를 알면 알수록 그 믿음이 얼마나 허상이었는지 알게 돼 뒷맛이 쓸쓸했다.

퍼스트레이디는 총리를 세 걸음 뒤에서 따라야 한다?

일본이 얼마나 가부장적 사회인지 한눈에 보여주는 사례 두 가지를 보자. 2020년 10월 일본의 새 퍼스트레이디인 스가 마리코菅真理子 여사의 첫 해외 순방이 화제가 됐다. 일본 언론은 그가 아베 신조安倍晋三 전 총리의 부인 아베 아키에安倍昭惠 여사와 대조되는 스타일이란 점에 초점을 맞춰 "총리 세 걸음 뒤에서 따라가는 단아한 퍼스트레이디"로 소개했다. 예를 들어 "스가 여사는 비행기를 탈 때도 총리와 몇 걸음 뒤였고, 인사를 할 때도 손을 흔들지 않고 몇 번이나 고개를 숙여 인사했다."고 묘사했다. "쇼와 시대昭和時代, 1926~1989, '옛 시대'를 가리킬 때도 씀로 돌아갔다는 일부 비판이 있다."는 논평도 있었지만, 일본 언론은 '일본 여성스럽다'며 찬사 일색이었다.

다른 사례는 남편의 뒷바라지를 잘한 여성에게 주는 이른바 '내조 공로상'이 지금도 운영되고 있다는 것이다. 《아사히신문》은 2018년 12월 일본 아오모리현 고쇼가와라五所川原시에서 '내조 공로장' 폐지가 논란이 되고 있다는 사실을 보도했다. 취임한 지 얼마 안 된 시장이 각종 포상자의 배우자에게 '내조 공로장'을 주는 조례를 폐지하자 반발이 일어났다는 내용이었다. 시는 그동안 43명에게 '내조 공로장'을 수여했는데, 물론 모두 여성이었다. 고쇼가와라시뿐만 아니라 다른 지자체에도 비슷한 포상제도

가 운용되고 있다고 했다.[24]

남자의 세 걸음 뒤에서 따라가는 여성, 내조를 잘하는 여성……. 먼 과거가 아닌 현재 일본에서 벌어지고 있는 현상이다. 똑같은 일이 지금 한국에서 벌어졌다면 어땠을까. 아무리 생각해도 시대착오적이라는 생각밖에 안 든다.

엄격한 가부장적 사회다 보니 젠더 감수성도 낮을 수밖에 없다. 여러 사례 가운데 걸 그룹이 처한 상황이 이를 잘 보여준다. 일본에서 가장 유명한 걸 그룹은 AKB48과 관련 자매 그룹들이다. AKB48은 앨범이 100만 장 이상 팔리고 멤버의 인기 순위를 정하는 투표 행사가 공중파에서 높은 시청률을 기록하며 생중계될 정도로 인기가 높은 일본의 대표 걸 그룹이다. 그런데 그들은 '극한 직업'으로 불리기도 한다. 상업적으로뿐만 아니라 노골적으로 성적 매력을 드러내야 해서다. 먼저 지금의 AKB48을 있게 한 비결로 불리는 '악수회'라는 행사가 대표적이다. 팬들이 앨범을 사면 자신이 응원하는 멤버와 직접 악수할 기회를 주는 것인데, 여기서 '지저분한' 성추행의 대상이 되거나 심지어 테러까지 당한다. 또 걸 그룹 멤버가 다수 출연하는 예능 프로그램들이 있는데, 거기서 남성 출연자들은 어린 멤버들을 보기 민망할 정도로 태연히 학대할 때가 적지 않다.

특히 최근 가장 충격적이었던 일은 초등학생 여자아이로만 구성된 걸 그룹을 만들고, 이들 중 일부를 비키니 수영복 행사에

내보냈던 일이다. 일본 걸 그룹이 수영복 화보를 찍는 관례가 있다는 사실은 알았지만, 초등학생까지 그런 행사에 내보낼 줄은 몰랐다. 단지 성문화의 차이라고 말하기에는 너무하다 싶다.

한국과 일본은 OECD 회원국 가운데 성평등 지표에서 최하위권이다. 사회적 젠더 감수성은 바닥이다. 어느 나라가 낫다고 말하기 부끄러운 수준이다. 갈 길이 너무 멀다. 그런데도 일본이 더 심각하게 느껴지는 것은 미투 운동의 강한 역풍에서 보듯이 그것이 문제임을 자각하는 의식 자체가 희박하다는 점이다. 사회적 공감대가 약하다 보니 다음 단계를 말하기조차 어렵다.

일본에서도 우리 소설 《82년생 김지영》(조남주, 2016)이 20만 부 이상 팔리며 베스트셀러가 됐다. 일본 여성들 역시 주인공이 부딪치는 불평등과 억압에 함께 답답해하고 울고 분노하고 있다는 뜻일 것이다. 또 드라마 〈사랑의 불시착〉(2020)이 일본 여성들 사이에서 인기를 끈 것도 드라마 속 여성들의 씩씩하고 당당한 모습에서 통쾌함을 느껴서라고 한다. 언젠가 그 분노와 대리만족의 공감이 자신의 목소리를 내고 또 실제 삶을 바꾸는 실천으로 이어지길 바란다.

일본이 선진국이라는 착각

04

왜 총리는 성폭행 피해자를 비하한
의원을 감쌌을까

2020년 9월 일본의 집권 자민당 소속 스기타 미오杉田水脈 중의원이 "성폭력 피해를 주장하는 여성은 얼마든지 거짓말을 할수 있다."고 주장해 파문이 일었다. 성폭력 피해를 호소하는 여성 중 상당수가 허위 신고를 할 수 있다는 어이없는 망언이었다. 일본 여성단체들은 강하게 반발하며 스기타 의원의 사직을 요구하는 시민 13만 6,000명의 서명을 받았고, 항의 시위도 열었다. 야당은 물론이고 자민당 내에서도 공개적으로 유감을 표현하고 조치를 요구하는 목소리가 나왔다.

의아한 것은 스기타 의원을 감싸는 자민당 지도부의 태도였다. 자민당은 시민단체의 서명지 수령 자체를 거부했다. 스가 총리는 국회에서 야당이 질책하자 "본인이 주의받고 사과했으니 끝"이란 태도로 넘어갔다. 스기타 의원은 논란이 불거지자 자신의 블로그를 통해 마지못해 사과했다. 육성으로는 단 한 번의 사과도 없었다. 본인이나 지도부나 대단치도 않은 일을 문제 삼는다는 자세였다.

무엇인가 익숙한 느낌이 들지 않나? 일본 자민당이 그동안 일본군 '위안부' 문제를 대하는 태도와 겹친다. 거짓말이라고 하고, 마지못해 적당히 사과하고……. 과거나 지금이나 여성 인권을 그다지 중요하지 않게 생각한다는 점을 일관되게 보여준다. 스기타 의원은 단지 속내를 노골적으로 드러냈을 뿐이다.

그가 일본 정치를 좌지우지하는 극우단체 일본회의 소속이란 점도 우연이 아니다. 스기타 위원은 일본군 '위안부' 관련 다큐멘터리 영화 〈주전장主戰場〉(2019)에서 "위안부는 자발적 매춘부"라고 주장했던 인물이다. 일본 우익은 미투 운동과 '위안부' 문제를 모두 '일본을 파괴하는 해악'으로 규정하고 공격하는 전략을 취하고 있다.

정부가 주도해 '성의 방파제'로 모집한 미군 군위안부

여성 인권에 대한 일본 집권층의 낮은 인식을 알 수 있는 대표적인 사례가 패전 후 일본 정부가 주도했던 미군 상대 위안부 모집이다. 일본 내무성은 패전 직후인 1945년 8월 18일 비밀리에 전국 경찰에 〈점령군 위안시설 설치지령〉을 내렸고 국가자금의 특별융자를 지시했다. 도쿄에서는 긴자 거리에 〈전후 처리의 국가적 긴급시설의 일단으로서 주둔군 위안의 대사업에 참가하는 신 일본 여성의 솔선 협력을 구함〉이라는 제목으로 "여사무원 모집, 18세 이상 25세까지, 숙사·피복·식량 일체 지급"이라는 내용의 공고를 붙였다. 나중에 이것이 위안부 모집이라는 것을 알고 많은 여성이 돌아갔지만, 1,000여 명은 남아서 '정부 공인의 매춘부'가 됐다. '성性의 방파제'를 만들겠다는 발상이었다. '패전 후 첫 조치'라고 불릴 정도로 신속하게 결정을 내릴 만큼 그들에게는 이런 행동이 전혀 이상하지 않았다.[25]

1945년 일본에 진주한 연합국 최고사령부는 각종 민주화 개혁을 시행했다. 이때 여성의 인권과 권리도 많이 나아졌다. 1945년 10월 연합국 최고사령부는 여성 해방 등 5대 개혁을 추진했고, 같은 해 12월 여성참정권을 포함한 중의원 선거법 개정 공포로 일본 여성은 남성과 동등한 선거권과 피선거권을 얻었다. 또 학교 교육의 자유주의화로 남녀 간 교육의 기회균등, 교육 내용의 평준화, 남녀공학제 등이 실시됐다. 1946년 11월 신헌법 공포와 함께 남녀차별이 법적으로 일소됐다.

그러나 1951년 독립 후 일본 정부와 여당 정치인들은 노골적으로 과거 가부장적 질서로 돌아가려 했다. 여성 인권과 관련한 일종의 '역코스逆コース, reverse course'였다. "파괴된 가족제도를 일본 전통의 순풍미속으로 되돌려야 한다."는 주장이었다. 당시 요시다 시게루吉田茂 총리는 "아름다운 국민성의 원천, 국가의식의 출발점으로서 가족제도 부활을 생각하고 있다."고 말했다. 그가 말하는 가족제도는 메이지 시대의 것을 뜻했다. 1954년에는 자유당 헌법조사회를 발족해 '천황 원수, 재군비, 기본적 인권의 제한, 가족제도 부활'을 위한 개헌을 주장했다. 전 총리이자 헌법조사회 회장인 기시 노부스케岸信介, 아베 신조 전 총리의 외조부는 "헌법을 개정해 가족제도를 부활시키고 싶다."며 속내를 숨기지 않았다.

이에 대해 일본 여성들은 강력히 저항했다. 그들에게는 다행히 선거권이란 최후의 보루가 있었다. 1955년 총선거에서 여성들은 가족제도 부활을 주장하는 정당에는 한 표도 주지 말자는 운동을 벌였고, 덕분에 가까스로 개헌을 막아냈다.

개헌을 통한 구시대 가족제도 부활에는 실패했지만, 정부와 여당은 각종 정책을 통해 실질적인 가부장적 질서 복귀를 실현해나갔다. 그들은 패전 후에 가정이 무너졌다면서 가정보육의 중요성을 강조하는 '가정의 재발견' 정책을 국가시책으로 삼고 시행했다. 일본 후생성은 건전한 가정 건설을 책임진다는 명목으로 아동가정국을 설치했고, 문부성도 훈육 위주의 가정교육 방침을 내세웠다. '가정의 날' 운동도 시작됐다. 물론 그들이 말하는 '가정'은 신헌법이 폐지한 메이지 시대의 가부장적 개념이었다.

일본 여성들은 개헌을 막아내기는 했지만 성평등 사회로 바꿔나갈 힘은 부족했다. 대표적인 사례가 남녀평등을 규정한 헌법 조항(제14조)은 있지만, 이를 구체적으로 실현할 남녀평등법은 끝내 제정되지 못했다는 점이다. 패전 후 모든 법적 권리가 '내부'인 일본 여성의 힘으로 쟁취한 것이 아니라 미군이라는 '외부'로부터 주어진 권리라는 근본적 한계가 작용한 탓일 것이다.

물론 진전이 없었던 것은 아니다. 서구에서 일어난 강력한 여성운동의 영향으로 채택된 'UN 여성차별철폐조약'을 일본도 1985년에 비준하면서 국내법 일부가 개선됐다. 또 1990년대 무라야마 도미이치村山富市 정권 때 성평등을 수용해, 2000년에 첫 '남녀공동참획參劃기본계획법'을 수립하기도 했다.

법률을 정비하기는 했지만, 여성정책은 항상 안팎에서 실효성이 약하다, 한계가 많다는 비판을 받고 있다. "사실상 유명무실하다."는 말까지 듣는다. 예를 들어 1985년 제정된 〈남녀고용기회균등법〉은 처음에는 고용평등법으로 추진됐지만 기회균등으로 축소됐고, 실제 현장에서는 있으나 마나 한 법이 되고 말았다. 법 제정 이후 10년 동안 균등법에 따른 조정은 단 한 차례에 그쳤고, 직장 내 성희롱 문제도 성차별로 인식하지 못하는 등 허점투성이였다. 1999년과 2007년 두 차례 걸쳐 개정됐지만 여전히 형식적이라는 비판을 듣는다.

아베 전 총리의 '1억 총 활약 사회'는 여성 우대 정책?

아베 전 총리는 지난 2015년 아베노믹스의 하나로 '1억 총 활약 사회'라는 슬로건을 발표했다. 여성과 고령자의 노동력을 적극 활용해 저출산 고령화에 따른 노동력 부족을 메우겠다는 의도였다. 이에 앞서 2013년에는 '여성이 빛나고 활약할 수 있는 사회 건설'을 슬로건으로 '우머노믹스Womenomics'를 선언했다.

그러나 화려한 수식에도 불구하고 여성계는 "과거 정책의 연장일 뿐"이라며 시큰둥했다. 성평등이나 여성 인권이 목표가 아니라 철저히 '간편한 노동력 활용'이라는 관점에서 바라보는 기존 여성정책에 불과하다고 본 것이다.

실제 패전 이후 일본 정부의 여성정책은 항상 '여성 노동력 활용'에 방점이 찍혔다. 특히 1955년 고도성장의 시작과 함께 전업주부 위주로 여성정책이 실시됐다. 당시 일본 여성의 일반으로 전업주부가 자리 잡았고, '남성은 일, 여성은 가사와 육아'라는 성역할 고정관념도 굳어져 갔다. "기업 전사인 남편과 그를 후방에서 지원하는 아내"라는 표현도 등장했다. 일본 정부도 4인의 이른바 '표준가족'을 공공정책의 기본 틀로 삼고 각종 정책을 펼쳤다.

하지만 고도성장이 지속되면서 남성 노동력만으로는 부족해지자 여성의 취업을 장려해야 하는 상황이 되었다. 당시 일본 정부와 기업들은 '가정과 취업의 양립' 문제를 M자형 고용, 즉 "젊을 때는 풀타임, 나이 들어서는 파트타임"의 형태로 풀어가려 했다. 이를 '여성의 모성과 가정의 기능이 취업 때문에 저해되지 않도록 배려'하는 것이라고 미화하며, 세법과 연금, 가족법 등 관련 체제를 갖춰나갔다. 단 여성에 대한 조기정년제와 결혼·출산 퇴직제 등 기업의 차별적 관행은 그대로 둔 채였다.

'103만 엔 벽'을 아시나요?

일본 정부의 '전업주부 우대정책'은 연금과 세제에서 두드러졌다. 대표적인 세금 제도가 1961년부터 도입된 배우자 특별공제제도다. 배우자 공제는 주부의 연 수득이 103만 엔 이하일 때 남편의 수입 중 38만 엔을 공제받는 제도로, 남편의 연봉이 600

아베 전 총리는 2015년 '1억 총 활약 사회'라는 슬로건을 발표했다. 여성과 고령자의 노동력을 적극 활용해 저출산 고령화에 따른 노동력 부족을 메우겠다는 뜻이었다. 이에 앞서 2013년에는 '여성이 빛나고 활약할 수 있는 사회 건설'을 슬로건으로 '우머노믹스'를 선언했다.

만 엔이면 세금 부담이 7만 6,000엔 정도 줄어든다. 전업주부의 '내조의 공'을 인정하고, 아내 자리에 일정한 평가를 한 것이다. 여기에 기업들은 통상 연봉이 103만 엔 이하인 주부를 둔 근로 자에게 배우자 수당을 줬다. 또 건강보험료와 연금보험료도 연계(기준은 130만 엔)돼 있었다. 남성 중심의 노동력을 전제로 한 제도로, 남편에게 아내나 아이의 몫을 포함한 '가족 임금'을 준 셈이다.

많은 일본 주부가 남편의 세금 부담이 느는 것을 피하려고 연 소득이 103만 엔 이하까지만 일하는 경우가 많아졌다. 수당과 세금과 보험료 등을 따지면 실제 소득이 역전할 수 있으므로 가족 전체의 소득을 생각해 저임금 파트파이머를 선택한 것이다. '103만 엔의 벽'이란 용어도 생겼다. 비정규직 주부의 60%가 연 소득이 100만 엔 미만에 머물렀다. 유독 일본의 슈퍼마켓에 파트타임으로 일하는 기혼 여성이 많은 배경에는 이런 세제가 자리 잡고 있다.

그러나 가계 구조가 바뀌고 여성 노동력의 필요가 더 커지면서 일본 정부와 기업은 '103만 엔의 벽' 허물기에 나섰다. 1980년 1,114만에 달했던 전업주부 가구는 2014년 720만 가구로 급격히 줄었다. 반면 맞벌이 가구는 이 기간에 614만 가구에서 1,077만 가구로 늘었다. '1억 총 활약 사회'를 슬로건으로 내세웠던 아베 전 총리는 2016년 세법 개정에서 720만 전업주부 가구를 의식해 배우자 공제를 폐지하지는 않았지만, 배우자 공제의 상한선을 103만 엔에서 150만 엔으로 올리고 남편의 소득에 따라 공제액을 조정하도록 개정했다.

아베 전 총리의 '1억 총 활약 사회'가 상징하듯 일본 정부와 기업은 이제 여성들에게 가정을 지키라고 하지 않는다. 대신 가정과 사회에서의 역할을 동시에 수행할 수 있는 '유연한' 노동력이 되어주길 원하고 있다.

덕분에 일본 여성의 2018년 취업률은 71.3%로 역대 최고를 기록했다. 그러나 화려한 표면 뒤의 일본 여성들이 우울해하고 있다는 보도가 잇따르고 있다. 늘어난 취업의 3분의 2가 최저급여의 비정규직 노동자여서, 자아실현의 '밝은 미래'가 아닌 '노후 빈곤의 늪'에 빠질 확률이 높아서다. 실제 일용직 또는 비정규직 비율은 55%로 남성 비정규직 비율(23%)의 2배를 웃돌고 있고, 비정규직 비율 증가 속도도 OECD 34개국 중 가장 빠르다.

여성에게 가족 복지의 책임을 떠안겨왔던 일본 사회

더욱이 일본 여성은 '가족 복지의 책임자'라는 역할도 수행해야 한다. 일본은 서구처럼 국가가 복지를 책임지지 않는다. 기업이 고용을 책임지고(기업 복지), 가족은 복지를 책임지며(가족

복지), 국가는 생활보호자 등 복지 사각지대를 메우는 구조다. 남성 중심의 고용보장과 가족주의가 융합한 모델인 셈이다. 그래서 일본과 같은 복지국가 유형을 '가족주의 복지국가'로 부르기도 한다. 이는 전업주부를 전제로 한다. 서구에서 국가가 맡는 육아나 간병의 부담을 주로 전업주부인 여성의 무상 노동력으로 메우는 구조이기 때문이다.

고도성장 시기에는 일본의 사회복지 모델이 큰 무리 없이 작동했다. 낮은 실업률에 종신고용과 연금이 보장됐고, 전업주부인 여성은 육아 등을 담당하면 됐다. 그러나 1990년대 거품이 꺼지고 저성장 시대에 접어들면서 이 모델은 '기능부전機能不全'에 빠졌다. 기업이 더는 고용을 책임지지 않았기 때문이다. 그렇다면 이제 서구처럼 국가가 나서서 복지를 맡아야 하지만, 재정 능력이 모자라는 국가는 복지의 책임을 가족, 즉 여성에게 계속 떠넘겼다. 문제는 남성의 고용이 불안해지면서 여성들이 전업주부에만 머무를 수 없게 됐다는 점이다. 적지 않은 여성이 가계를 책임지는 저임금 파트타임 노동자이자 가족의 돌봄까지 맡으며 이중 부담을 졌다.

일본의 여성정책은 이처럼 복지·노동 정책과 함께 봐야 한다. 하나의 세트가 되어 일본이라는 시스템을 구성하고 있기 때문이다. 또 이는 일본에서 성별분업 관념이 그토록 강했던 이유도 설명해준다. 고도성장 시기에 '샐러리맨+전업주부'의 조합으로 경제적 풍요로움을 나눌 수 있었기 때문이다. 많은 여성이 성평등 쟁취라는 험한 길보다 모성 신화를 내면화하는 길을 택했다.

그러나 고도성장의 거품은 꺼졌다. 더불어 '여성과 아이가 살기 좋은 나라'라는 환상도 일부 여성에만 해당하는 이야기가 됐다. 그런데도 여전히 시대착오적인 가부장제는 견고하다. 싸우지 않으면 힘든 미래가 일본 여성을 기다리고 있다. 물론 이는 동병상련을 겪고 있는 한국 여성에게도 해당하는 말이다.

일본이 선진국이라는 착각

Part 2

개인이 보이지 않는 사회, 일본

05

일본인은 집단주의적일까,
개인주의적일까

2021년 초 국내 극장가에서 일본 애니메이션 〈귀멸의 칼날: 무한열차편鬼滅の刃: 無限列車編〉이 큰 화제가 됐다. 코로나19 속 꾸준한 흥행도 놀라웠지만, 'NO JAPAN(반일 불매운동)'을 뚫었다는 점에서도 주목받았다. 특히 주인공이 착용한 귀걸이 무늬가 욱일기 모양이어서 우익 만화라는 논란도 일었다. 국내보다 석 달 앞서 개봉한 일본에서는 말 그대로 엄청난 신드롬을 일으켰다. 개봉 두 달여 만에 〈센과 치히로의 행방불명千と千尋の神隠し〉(2001)을 제치고 일본 역대 영화 흥행 랭킹 1위로 올라섰다. 일본

방송들은 거의 매일 〈귀멸의 칼날〉 열풍 보도를 이어갔고, 심지어 스가 총리가 국회 답변 중에 애니메이션에 나오는 유행어를 인용하기도 했다.

이 애니메이션은 다양한 사회현상을 낳았는데, 그중 '키메하라キメハラ'라는 신조어도 있었다. '귀멸의 칼날 괴롭힘'으로 번역할 수 있는 이 단어는 영화를 안 본 사람에게 관람을 재촉하거나, 영화에 찬사를 보내지 않거나 관심이 없는 사람을 이상하게 여기고 때로는 따돌림까지 하는 분위기를 뜻한다. 일본 SNS에 친구들 사이나 직장에서 키메하라로 스트레스를 받았다는 글이 적지 않게 올라오면서 논란이 됐다. 방송에서도 다뤄질 정도였다.

키메하라는 그만큼 영화가 인기가 많다는 것을 보여주는 말이겠지만, 일본에서는 왜 군이 '괴롭힘'이라는 표현을 쓸까? 재미 삼아 붙이는 표현이지만, 전문가들은 일본이 '사회 동조 압력', 즉 자신의 의견과 태도에 동조하도록 타인에게 가하는 심리적 압력이 강한 사회, 또는 그런 사회라고 믿는 사람이 많기 때문이라고 진단했다. 자신이 다수가 아니라 소수에 속한다고 생각하면 자기 생각을 명확하게 이야기하지 못하고 힘들어하는 사람이 꽤 많다는 것이다. 어떤 전문가는 키메하라가 일본인의 집단주의 성향을 잘 보여주는 사례라고 해석했다.

"일본인은 집단주의적" vs
"서구가 심어놓은 이분법적인 편견"

일본 출판계에는 다른 나라에 없는 독특한 장르가 있다. '일본인론論'이라는 장르다. "일본인 또는 일본 문화는 어떤 특징이 있나?"를 주제로 다룬 책을 폭넓게 일본인론으로 분류한다. 그만큼 꽤 많은 책이 출판됐고, 여러 책이 베스트셀러 또는 스테디셀러가 될 만큼 인기도 많았다. 루스 베네딕트의《국화와 칼》(1948)과 이어령의《축소지향의 일본인》(1986)이 유명하다. 일본인 저자가 쓴 일본인론은 훨씬 많다. 1980년대까지만 2,000권에 이른다는 통계도 있다. 나카네 지에中根千枝의《일본 사회의 인간관계タテ社会の人間関係》(1967)와 도이 다케오土居健郎의《어리광의 구조甘えの構造》(1971)는 지금도 일본에서 고전으로 통한다.

일본인론의 핵심 전제가 있다. 일본은 '가장 대표적인 집단주의 사회'라는 것이다. 찬사를 보낼 때도 비판할 때도 당연한 전제로 삼고 이야기를 풀어나가는 경우가 많다. 외국인 저자는 100%, 일본인 저자의 책도 상당수가 그렇다. 자타가 공인하는 일본인과 일본 사회에 관한 대표적인 고정관념인 셈이다.

인류학·심리학 등의 학문적 연구에서도 일본은 대표적인 집단주의 사회로 통한다. 네덜란드의 심리학자이자 경영학자 헤이르트 호프스테더Geert Hofstede, 1980, 1983의 조직 문화 비교 연구에서 일본은 서구 국가와 비교해 집단주의 성향이 강한 국가로 분류됐다. 심리학에서 개인주의와 집단주의 개념을 발전시킨 해리 트라이앤디스Harry C. Triandis, 1995의 문화유형 연구에서도 일본은 집단주의 요소가 많고 집단주의자가 많은 문화로 여겨졌다. 접근방식은 다르지만 1990년대 문화심리학 붐을 일으킨 헤이즐 마커스Hazel R. Markus와 키타야마 시노부北山忍의 연구Markus & Kitayama, 1991에서도 일본은 '상호협조적 자기관'이 우세한 문화의 대표였다. 자기를 타인 또는 집단과 강하게 연관된 존재로 정의하는 상호협조적 자기관은 집단주의와 부합하는 개념이다.[1]

그러나 우리는 다른 쪽에서 아주 개인주의적으로 보이는 일본인의 특징을 마주한다. '혼밥'과 '혼술'이 보편적이고, 기괴한 복장을 하고 다녀도 주변에서 신경 쓰지 않고, 사생활을 존중해주는 등 흔히 개인주의의 특징이라고 일컬어지는 면을 쉽게 떠올릴 수 있다.

'집단주의적 일본인'론에 대한 반론도 만만치 않다. 대표적으로 도쿄대학교 다카노 요타로高野陽太郎 교수는《'집단주의'라는 착각'集團主義'という錯覚》(2008)이란 책에서 이를 조목조목 반박했다. 그는 "일본인이 집단주의적이란 인식은 서구가 심어놓은 이분법적인 편견일 뿐"이라고 단언한다. 이 때문에 일본은 유형무형의 피해를 많이 보고 있다고 비판했다. 개성이 없다, 자기주장을 못 한다는 식으로 연결돼서 일본인에 대한 부정적인 이미지

일본이 선진국이라는 착각

를 강화한다는 것이다. 더욱이 개인에 그치지 않고 "일본이 군국주의로 치달은 이유", "개인이 조직과 집단 안에 매몰된 사회"라며 일본 사회 전체에 대한 잘못된 고정관념으로 이어졌다고 분통을 터뜨렸다. 그는 집단주의적인 일본인론은 겨우 고도경제성장과 낮은 범죄 발생률을 설명할 때 정도만 긍정적으로 언급된다고 주장했다.

다카노 교수는 기존 연구 결과를 실증적으로 검증함으로써 반론을 펼친다. 그는 '일본인 집단주의론'을 주장한 19건의 연구를 분석한 결과, 일본인이 더 집단주의적임을 설득력 있게 밝힌 것은 하나도 없었다며 각 연구의 허점을 파고든다. 그가 반박하기 위해 든 대표적인 연구가 솔로몬 애시Solomon Ash, 1951, 1955의 동조 실험이다. 애시의 실험은 앞서 7명의 실험 협조자가 엉뚱한 답을 하여 집단압력을 행사할 때 마지막 진짜 실험 참가자는 틀린 답에 얼마나 동조하는지를 알아보는 것이다. 당시 37%라는 놀라운 동조율이 나와 충격을 줬다. 후에 1950년대 미국을 휩쓴 '매카시즘 광풍' 때문에 높은 수치가 나온 것 아니냐는 반론이 많아서 1960년대 말 실험을 재현하는 연구가 진행됐다. 바뀐 시대 분위기 덕분일까, 동조율은 25%로 크게 떨어졌다.

미국이 이 정도라면 집단주의 문화인 일본에서는 더 높게 나오지 않을까? 문화적 차이에 흥미를 느낀 심리학자들이 이런 가설에 따라 같은 실험을 일본에서 실시했다. 그런데 의외의 결과가 나왔다. 미국보다 더 낮은 23%의 동조율이 나온 것이다. 이유를 찾던 학자들은 혹시 실험 협조자들이 '피험자와 별로 유대감이 없는 낯선 사람들'로 구성돼 집단동조압력이 약했던 것 아니냐는 가설을 정하고 다시 실험했다. 새로운 가설이 통했는지 협조자를 동료로 바꾼 실험에서는 무려 51%의 동조율이 나왔다. 이대로 마무리되는가 싶었지만 끝이 아니었다. 피험자들이 상하규율이 엄격한 대학 검도부나 야구부와 같은 운동부여서 처벌압력이 과했다는 반론이 나왔고, 이번에는 규율이 약한 다도부와 같은 '문과계'를 대상으로 실험했다. 그랬더니 동조율은 25%로 뚝 떨어졌다. 반전, 재반전의 연속이었다. 다카노 교수는 일련의 동조 실험 결과를 통해 "일본인이 집단주의라는 주장은 근거가 없는 통설에 불과하다."고 결론을 내렸다.[2]

일본 집단주의론 진영의 반론이 이어졌다. 먼저 다카노가 비판한 실험은 동조행동과 협조행동 실험인데, 둘 다 실험을 자의적으로 선택하고 해석했다고 비판했다. 실험설계를 달리하면 반대의 결과가 나온다는 것이다. 또 보수 배분, 커뮤니케이션, 도덕비판, 동기부여 행동의 차이를 비교한 다른 연구에서 일본인은 뚜렷한 집단주의적인 특성을 보였다고 강조했다. 개인보다 집단을 우선하는 집단주의의 개념이 모호하고 광범위하게 해석될 여지가 많은 탓일까? 일본 학계에서는 논란이 계속되고 있다.

어느 쪽 주장이 더 설득력 있게 들리는가? 나는 다카노의 주장도 일리가 있다고 생각했지만, 심정적으로는 여전히 일본이 집단주의 사회라는 주장에 손을 들어주고 싶다. 실험실에서는 어떨지 몰라도, 현실에서 마주하는 일본인의 모습은 너무나 집단주의적이기 때문이다. 무서우리만치 강한 결속력과 응집력에 관한 인상이 강렬했던 개인적 경험이 많았기에, 고정관념과 확증편향이라 하더라도 이를 내려놓기가 쉽지 않다. 그래도 일본인에게 독특한 개인주의적 성향이 있다는 데에도 고개를 끄덕인다. 우리는 '집단주의적이면서도 개인주의적인' 일본인을 어떻게 이해해야 할까?

"일본은 '고립 허용주의' 사회"

첫째, 집단주의, 개인주의라는 분류 틀 자체가 맞지 않는다고 접근하는 것이다. 고故 마루야마 마사오丸山眞男 도쿄대학교 명예교수는 개인주의가 근대 서구에서 중세 왕권에 맞서 시민 권리를 쟁취하는 과정에서 발달한 특수한 '역사적 개념'이라고 지적한다. 따라서 개인이라는 개념조차 없었던, 즉 개인주의의 역사적 전통이 없는 일본을 '서구식 개인주의' 틀로 설명할 수 없다고 말한다. 개인주의, 집단주의 중 양자택일의 문제가 아니라, 애초부터 범주를 잘못 설정했다는 것이다. 문화심리학적 접근이 아니라 사상사적 개념 접근이어서 결이 다르긴 하지만, 일본의 개인주의가 얼마나 독특하게 형성됐는지를 이해하는 데 좋은 실마리를 제공해준다.[3]

비슷한 맥락에서 서울대학교 박훈 교수도 일본은 겉으로는 개인주의적 사회로 보이지만, 결코 아니라고 단언한다. 개인주의의 핵심은 사회 비판과 저항의 용인인데, 일본은 이를 수용하는 문화가 결코 아니기 때문이라는 것이다. 그는 일본 사회가 허용하는 것은 집단의 안정을 위협하지 않는 '개인의 일탈'뿐이라고 꼬집는다. 개인은 파편처럼 흩어져 있을 뿐이다. 그리고 이를 일종의 '고립 허용주의'라고 부른다.[4] 참 통찰력이 번뜩이는 지적이다.

더불어 '고립'과 '무관심'이란 키워드로 접근하면 일본식 개인주의의 독특함을 더 쉽게 이해할 수 있다. 일본의 프라이버시 존중은 서구의 그것과 좀 다르다. 특유의 '민폐', 일본어로 메이와쿠めいわく 문화와 깊은 연관이 있다. "나도 민폐를 끼치지 않을 테니 너도 그래라."라는 식이다. 간섭은 사양, 일본어로 '엔료遠慮, えんりょ'한다는 것이다. 독립보다는 고립의 색깔이 짙다. 잘 뭉치지만 개인은 단절되어 묘한 느낌이다.

여기에 더해 나는 이 문제를 일종의 '가처분 시간' 개념으로 이해하고 있다. 일본은 규칙이 정말 많은 '매뉴얼 사회'로 불린다. 보이는 또는 그보다 더 많은 보이지 않는 규칙이 씨줄과 날

일본이 선진국이라는 착각

줄처럼 촘촘히 이어져 있다. 단적으로 일본 지하철에 가면 수많은 금지행위 목록에 숨이 막힌다. 따르지 않으면 집단에서 배제될 위험이 크기 때문에 따라야 한다. 어느 사회보다 개인이 공적인 일에 할당하는 시간이 상대적으로 많을 수밖에 없고, 그만큼 오롯이 자신만을 위해 쓰는 '사적 가처분 시간'이 부족한 구조다. 따라서 그 짧은 사적인 시간만큼은 남에게 덜 방해받고 싶은 욕구가 강해지고, 그런 모습이 개인주의적으로 비치는 것은 아닐까?

'20세기 일본인'과 '21세기 일본인'을 뒤섞었다?

둘째, 혹시 시대를 뒤섞는 오류를 범하는 게 아니냐고 접근하는 것이다. 지난 20세기, 그중 제2차 세계대전 전후는 일본뿐만 아니라 미국 등 전 세계가 강하게 집단주의적인 모습을 보였다. 특히 일본은 오랫동안 전시 총동원 체제를 유지했고, 전후에는 온 국민이 복구에 매달렸기 때문에 집단주의적인 분위기가 강할 수밖에 없었다. 게다가 고도성장 시기 일본은 종신고용과 연공서열 등 회사가 개인을 책임지는 이른바 '회사사회'였다. 상당수가 "남자는 샐러리맨, 여자는 전업주부"였던, 즉 비슷한 체험과 가치관을 공유하는 동질성이 강한 사회였다. 1973년 조사에서는 일본인의 90%가 스스로 중산층이라고 답하는 등 '1억 총 중류사회'로 불렸을 정도다. 이때의 일본은 누가 봐도 집단주의 사회였다.

그러나 1990년대 이후 IT 발달과 국제화 물결은 전 세계적인 개인주의화를 불렀다. 여기에 일본은 장기불황까지 겹쳐 기존 회사사회 시스템이 급속히 무너졌다. '개인과 회사는 하나'라는 고성장 시대의 가치관은 이제 유효하지 않았고, 성과주의가 대세가 되는 등 각자 살기 바쁜 저성장 시대가 됐다. 젊은 세대는 집단주의로부터 멀어져갈 수밖에 없었고, 이런 모습이 개인주의적으로 비쳤다는 것이다. 결국 각 시대의 흐름에 적응하기 위해 일본인 다수가 선택한 생존전략이 과거는 집단주의, 지금은 개인주의일 뿐인데, 일본인이라며 같은 범주로 묶어서 보니 혼선이 빚어진 것 같다고 풀이한다. 우리 사회도 같은 현상을 겪고 있는 만큼 설득력 있는 풀이로 들린다.

확실히 일본 젊은 세대의 가치관은 이전 세대와 다르다. 많이 알려진 키워드인 '작고 확실한 행복'을 뜻하는 '소확행', 달관 세대를 뜻하는 '사토리悟り'는 그들이 더는 고성장 시대의 가치관을 받아들이지 않고 있음을 보여준다. 그들은 거창하지 않은 소소한 일상에서 나만의 행복을 찾으려 한다. 젊은 사회학자 후루이치 노리토시古市憲寿는《절망의 나라의 행복한 젊은이들》(2015)에서 '희망찬 미래를 기대하기 어려워 어쩔 수 없이 달관한' 일본

일본이 선진국이라는 착각

젊은 세대의 행복에 관해 이야기한다. 저성장 시대에 적응하며 살기 위해서는 선택의 여지가 없다는 것이다.

우리에게 잘 알려지지 않았지만, 일본 젊은 세대의 달라진 가치관을 뚜렷이 보여주는 키워드가 하나 더 있다. '코스파コスパ'라는 신조어다. '코스파'는 영어 'Cost Performance' 즉, 가격 대비 성능을 뜻한다. 우리말 '가성비價性比'에 해당한다. 한국의 젊은 세대가 매사에 가성비를 엄청나게 따지듯이, 일본 젊은 세대도 이 말을 달고 산다고 한다. 물건을 살 때뿐만 아니라 사람을 만날 때도 연애할 때도 마찬가지다.

가치관의 변화가 가파르다 보니 '낀 세대'도 생겨났다. 자라면서 교육받은 가치관은 고성장 시대의 것인데 현실은 저성장 시대여서 과도기의 여러 가지 괴로움을 겪는 세대를 말한다. 이른바 '잃어버린 세대'가 대표적이다. 정신과 의사인 구마시로 도루熊代享는 《로스트 제너레이션 심리학ロスジェネ心理学》에서 자신의 세대는 부모님의 집단주의적 가치관을 이미 내면화해버렸기 때문에 21세기의 개인주의 가치관에 적응하지 못한 채로 어정쩡하게 살아가는 불행한 세대라고 한탄한다.[5]

"한국은 가족형 집단주의 사회 vs
일본은 조직형 집단주의 사회"

셋째, 집단을 좀 더 세분화해서, 즉 가족·조직·국가로 나눠서 봐야 일본 집단주의의 독특함을 이해할 수 있다고 접근하는 것이다. 이누미야 요시유키大宮義行 교수는 "한국인은 가족형 집단주의, 일본인은 조직형 집단주의 성향이 강하다"고 진단한다. 한국인은 "우리가 남이가"라는 말로 상징되는, '찐한 우리 의식'이 두드러진다. 여기서 '우리'는 혈연·지연·학연과 얽히면서 범위가 커지는데, 사실상 이는 가족 개념이 확장된 것이다. 따라서 한국은 강한 가족형 집단주의라는 것이다. 반면 일본은 한국보다 회사나 학교 같은 공적인 조직을 우선시한다고 설명한다. 사적인 친밀함보다는 공적이고 직업적인 역할 관계를 중시하기 때문이다.[6]

이런 설명은 일본인이 왜 자신을 비하에 가깝게 낮추면서도, 회사나 학교가 비난받을 때는 유독 민감해지는지에 대한 단서를 제공해준다. 일본인의 인정욕구 충족 방식이 개인이 아닌 주로 집단을 통해 이뤄져 왔기 때문이다. 구마시로 도루도《로스트 제너레이션 심리학》에서 일본인 대부분은 자신이 속한 집단이 칭찬받을 때 만족감을 느끼는 경향이 있다고 지적한다. 자기 혼자만 칭찬이나 주목을 받는 일을 바람직하지 않게 여기는 사회적 규범이 강해서다. 따라서 일체감을 느끼는 '집단에 대한 비난=자신에 대한 비난'으로 받아들이는 성향이 강하다고 설명한다.[7]

'집단주의적이면서도 개인주의적인' 일본인에 대한 여러 설명은 방향은 달라도 하나의 공통점이 있다. 적어도 일본 사회가 추구하는 일본인은 '단단한 개인'과 거리가 있다는 점이다. 사회가 주관과 정체성이 뚜렷한 사람보다는 집단에 무난하게 잘 녹아드는 사람을 선호한다는 사실을 뚜렷하게 느낄 수 있다. 심지어 다카노 교수가 강력히 주장하는 '집단주의적이지 않은' 일본인의 모습조차 곰곰이 따져보면 '소신 있는 개인'과는 거리가 멀다. 일본식 표현을 빌자면 일본인은 수많은 '사회관계間柄: あいだがら'로 맺어진 '세간世間: せけん'에서 타인의 시선을 의식하며 자신의 정체성을 구성한다. 고립된 개인은 사회적으로 용인되지만, 일본식 집단질서인 '화和: わ'를 깨는 자유롭고 독립적인 개인은 집단에서 배제되고 끝내 배척받는다.

독특한 일본인의 집단주의 또는 개인주의 형성에는 어떤 역사적·사회적·문화적 맥락이 있는지, 구체적인 사회현상에서 어떻게 작용하는지 다음 장들에서 조금 더 살펴보자.

왜 일본에서는
기부가 활발하지 못할까

2008년 말 탐사보도 프로그램 〈뉴스 추적〉에서 기부 이슈를 심층 보도한 적이 있었다. 그해 사랑의열매에 8억 5,000만 원을 기부한 배우 문근영과 관련해 엉뚱한 가족사 논란이 벌어졌고, 더불어 '공개 기부'가 화두로 떠올랐기 때문이다. 당시 나는 담당 팀은 아니었지만, 일본어를 구사한다는 이유로 그때 마침 행사에 참여하기 위해 한국에 온 일본 교수를 인터뷰했다. 그 교수는 일본에서 얼마나 기부가 정착되지 못했는지, 사회·문화적 배경은 무엇인지 말해줬다. 그는 자국의 기부문화가 너무 안타깝고 속상하다고 했다. 그때만 해도 선진국은 기부문화가 발달했으니 일본도 마찬가지일 거라고 막연히 믿고 있던 나는 약간 충격을 받았다. 특히 일본의 기부 액수에 깜짝 놀랐다. 너무 적었기 때문이다.

일본 펀드레이징협회가 발표한 최신 자료를 보면 2016년 일본의 개인 기부액은 7,756억 엔으로, 명목 GDP 대비 0.14%에 달한다. 미국의 GDP 대비 1.44%에 비하면 10분의 1로 훨씬 낮은 것은 물론이고, 같은 해 한국의 0.50%에 비해서도 4분의 1 정도에 그친다. 그나마 이 수치도 2011년 동일본대지진을 계기로 7년 동안 1.6배 늘어난 것이다. 2010년엔 4,874억 엔에 불과했다. 법인 기부액과 합쳐도 GDP 대비 0.18% 정도로, 미국의 2.01%이나 영국의 0.75%에 비해 한참 낮았다.[8]

"가난은 자기 책임, 응석 받아주는 것"

왜 일본인은 기부에 소극적일까? 먼저 기부 관련 제도의 미비를 탓할 수 있다. 미국이 기부 대국으로 꼽히는 데는 기부하면 세액을 대폭 공제해주는 것을 비롯해 기부를 유도하는 제도가 잘 갖춰진 덕분이라는 분석이 많다. 반면 일본 정부는 그동안 기부 세액공제에 인색했다. 그나마 2009년 민주당 정권이던 하토

야마 유키오鳩山由紀夫 전 총리 때 기부 세제 혜택을 대폭 늘렸다. 일본 기부단체들도 최근 기부가 늘어난 주요 이유로 이때의 제도 개선을 꼽는다.

그러나 "기부는 국가의 몫"이라는 일본의 뿌리 깊은 사고가 근본적인 원인이라는 지적이 많다. 사회의 취약계층을 돕는 것은 공적 서비스로, 행정 역할이라는 인식이 강하다. 자신이 속한 공동체 내에서 상부상조라면 모를까, 사회단체를 통한 기부에 동의하고 선뜻 기부하는 데 저항감을 느끼는 일본인이 많다. 여기에 "가난은 스스로 해결하려는 자조自助 노력이 부족해서 생긴 것이다. 국가나 사회가 그들을 도와주는 것은 응석을 받아주는 것이다."라는 이른바 '자기책임론'도 영향을 미쳤다고 해석한다. 특히 전시체제에서 모든 민간단체의 활동을 억압했고, 패전 후에는 기부정책을 '관제 기부' 중심으로 운영했던 역사적 맥락도 크게 작용했다.

일본의 기부가 국가 주도로 이루어진다는 점은 대표적인 기부단체인 사회복지공동모금회의 성격을 미국과 비교하면 뚜렷이 드러난다. 일본도 미국처럼 공동모금제도의 역사가 길다. 그러나 미국이 자생적으로 발생했다면, 일본은 국가 주도로 생겨났다. 먼저 일본은 미국과 달리 중앙공동모금조직이 1947년 먼저 출발한 뒤 지역공동모금조직이 전국적으로 설립됐다. 행정조직에 기초해 시정촌市町村의 말단 단위까지 조직되어 있는 피라

미드형으로, 위계적이고 중앙집중적인 구조다. 법에서 전반적인 사항을 규제하고, 지방공무원이 협의회 사무국장을 겸임하며 모금 활동을 담당한다. 공동모금액의 목표액과 범위, 배분 방법까지 지자체장에게 신고해서 결정한다. 모금액이 할당되고, 자원봉사자도 관변조직에서 지원받는다.[9]

아무리 봐도 자율적인 기구라기보다는 정부의 보조기관인 듯하다. 기부에도 '관치'의 성격이 짙게 배어 있음을 알 수 있다. 기부인지 준조세인지 모를 정도다. 민간의 자발적인 관심과 활력을 기대하기 어려운 구조다. 기부 창구의 일원화를 위해 생겨난 공동모금제도가 일본으로 넘어오면서 전혀 다른 성격의 제도가 되어버린 셈이다. 왜 일본에서는 모든 것이 결국 관官으로 수렴되는지 기원을 찾아가보자.

'개인'이라는 말은 어떻게 만들어졌을까

동아시아 근대화 과정에 앞선 일본이 수많은 '번역어'를 만들어냈다는 것은 잘 알려진 사실이다. 일본은 정부 차원에서 적극적으로 서양의 문물을 번역하면서 새로운 한자인 이른바 '근대어'를 양산했다. 적합한 한자어가 없으면 중국 고전에서 발굴하거나 한자를 조합해 새로운 말을 만들어냈다. 그 과정은 상당한 노력과 고민을 요구했는데, 특히 존재하지 않는 새로운 개념의 단어를 만드는 것은 지극히 어려운 일이었다.

대표적인 단어가 '사회社會'와 '개인個人'이었다. 많은 번역가가 'society'의 번역에 진땀을 흘렸다. 일본어에 비슷한 단어가 없음은 물론, 관념 자체를 잘 이해할 수가 없었다. 말 그대로 "society에 대응할 만한 현실이 없었기" 때문이었다. 대표적인 개화사상가 후쿠자와 유키치福澤諭吉는 '인간 교제'라는 조어를 만들었고, 심지어 지금 감각으로는 전혀 맥락조차 의아한 '정부'라고 번역하는 이도 있었다. 1880년대에 무려 40가지 번역어가 있었는데, 결국 오래된 한자인 '사회'가 살아남았다.[10]

'society' 번역이 특히 어려웠던 이유는 일본에 서구식 'individual'이라는 관념 자체가 없었기 때문이다. 'society'는 궁극적으로 'individual'을 단위로 하는 인간관계인데, 당시 일본에서는 'individual' 역시 존재하지 않는 관념이었다. 신분으로서 존재하는 '사람'은 있었지만, 서구처럼 '독립된 개인'으로는 아니었다. 초기에는 '혼자'로 번역되는 경우가 흔했고, 이후 '독일獨一 개인'이라는 번역이기 둥깅했다. 얼마 지나지 않아 '독獨'이 떨어서 나갔고, 다시 얼마 뒤 '일一'도 빠져 1890년대부터는 '개인'이 번역어로 널리 사용됐다.[11]

'개인'과 '사회'처럼 'right'도 동아시아의 전통적인 정치나 사회 개념에서 이해하기 어려워서 오랫동안 번역가의 애를 먹이는

많은 번역가가 'society'의 번역에 진땀을 흘렸다. 말 그대로 "society에 대응할 만한 현실이 없었기" 때문이었다. 대표적인 개화사상가 후쿠자와 유키치는 '인간 교제'라는 조어를 만들기까지 했다. 사진은 1887년의 후쿠자와 유키치.

단어였다. 후쿠자와 등 유명한 번역가들은 모두 '권權'으로 번역
했는데, 문제는 '權'에 힘이란 뜻만 있을 뿐, 서구의 'right'에 있
는 '올바름', '정당함'이란 의미가 결핍된 단어란 점이었다. 더욱
이 서구사상사에서 'right'는 권력과 대립하는 뜻으로 쓰였기 때
문에 뜻이 충돌하며 번역이 어색해질 때가 적지 않았다.[12] 중국
에서는 옌푸嚴復가 이 문제를 간파하고 '직直'이란 번역어를 만들
어냈다. 지금 보면 '權'보다 원래 뜻에 적합한 말이었지만, 결국
채택되지 못했다.[13]

비슷한 맥락에서 '민권民權, people's rights'도 논란의 단어였다.
"백성民에게 권력權이 있다니, 그게 무슨 말이냐?"라는 비난을 받
았다. 정부의 권력이라면 수긍했겠지만, 백성의 권력은 그럴 수
없었다. 통치의 주체는 어디까지나 관官이지, 결코 민民이 될 수
없다는 당시 인식으로는 이해하기가 어려운 단어였던 셈이다.
관은 언제나 민 위에 있었기 때문이다.[14]

그럼 일본에서 '관 우위'의 관점은 근대화 초기에만 있던 인
식일까? 적지 않은 전문가가 아니라고 말한다. 마루야마 마사오
는 일본이 군국주의로 흘러갔던 사상적 배경에는 개인의 권리를
철저히 무시한 일본 특유의 공사公私 개념이 있었다고 설명한다.
제2차 세계대전에서 패하기 전까지 일본에서 '公'은 국가, 더 나
아가 천황을 의미했다고 한다. 그 시대의 대표적인 슬로건인 멸
사봉공滅私奉公은 원래의 좋은 뜻과는 거리가 먼 '천황에 대한 맹

목적인 충성'을 뜻했다. 따라서 '公'은 우선시해야 하는 큰일인 반면, '私'는 '사사로운 일' 또는 '사리사욕'에 가까운 말로, 억제하고 희생해야 하는 것으로 인식했다고 지적한다. '公私'에 해당하는 영어 'public'과 'private'라는 단어가 상하관계의 뉘앙스가 없는 대등한 개념인 데 비해, 일본은 항상 '公'이 '私'보다 위였고 이는 군국주의라는 불행을 불러왔다고 단언한다.[15]

그러면 군국주의가 종언을 고한 제2차 세계대전 이후는 어떨까? 미국이 민주주의 제도를 도입했지만, 여전히 '私보다 公 우위'라는 개념은 변하지 않았다. '公=국가'라는 인식은 그대로인 채 시민사회의 성숙이 지체되면서, 개인의 권리를 주장하는 것은 여전히 이기적이거나 바람직하지 않은 것으로 치부되고 있다. 도쿄대학교 총장이었던 사사키 다케시佐々木毅는 "일본이 처해 있는 모든 문제의 원인은 명확한 '私'의 결여 또는 '私'의 미성숙에 의해 '公私'의 균형이 무너진 것이다."라고까지 말했다. 이를 대표적으로 보여준 '사건'이 교육기본법 개정이었다.[16]

국가주의 교육으로 퇴행하는 일본 사회

지난 2006년 일본의 교육기본법이 개정됐다. 1947년 제정 이후 60년 만의 첫 전면 개정이었다. 개정을 놓고 오랫동안 격렬한 찬반 논쟁이 일었다. 일본에서 교육기본법은 단순한 일개 법안이 아니었기 때문이다. 교육기본법이 제정된 1947년, 미군정은 일본 민주화 정책의 핵심으로 평화헌법 제정과 함께 교육기본법 제정에 심혈을 기울였다. 일본이 군국주의로 흐른 데는 국가주의 교육의 폐해가 컸으며, 따라서 교육개혁이 절실하다고 판단해서였다. 그런 역사적 배경에서 만들어져 민주주의를 강조하는 교육기본법은 '교육헌법'이라고 할 정도로 상징하는 바가 컸다. "패전 전에는 메이지 헌법과 교육칙어, 패전 후에는 평화헌법과 교육기본법"이라고 말할 정도였다. 옛 체제로 돌아가고 싶어 하는 일본 보수우익에게 교육기본법의 개정은 평화헌법의 개헌과 더불어 지상과제로 여겨졌다.

그들이 개정이 필요하다며 내세운 핵심 근거는 청소년 비행 급증 문제였다. 비행 문제는 당시 '학교붕괴'로 불릴 정도로 심각하던 교육 황폐화의 원흉으로 지목됐는데, 일본 보수우익은 개인을 지나치게 중시한 교육기본법에 근본 원인이 있다고 주장했다. 교육기본법이 이기심으로 가득한 개인주의를 낳았고, 개인주의로 교육이 황폐화하면서 사회 문제가 대량 발생하고 있다는 논리였다. 당시 가치관 붕괴가 학교뿐만 아니라 일본 사회 전체적으로 일어나고 있었다는 점을 무시한 상당히 허술한 논리였지만, 학교폭력 등에 지친 일본 국민의 지지를 얻었고, 전면개정으로 이어졌다.

개정한 교육기본법에서 강조된 교육이념은 공공성公共性이었다. 문제는 이 공공성이 서구에서 말하는 시민사회의 'public'이 아니란 점에 있었다. 여기서 말하는 공공성은 패전 전의 공公, 즉 국가였다. 한마디로 '애국심 교육'으로, 패전 전 국가주의 교육으로 돌아가려는 시도였다.[17]

전면개정된 2006년 교육기본법이 얼마나 국가주의 색채가 짙은지는 1997년에 개정된 한국의 교육기본법과 비교하면 잘 드러난다. 시민적 자율성과 참여를 기본 원칙으로 채택한 한국 교육기본법과 달리, 일본 교육기본법에는 이런 점이 전혀 없다. 국가가 전면에 나서며 철저한 교육 통제를 말하고 있다. 애국심의 육성을 포함한 20여 개의 덕목을 나열해, 근대 제국주의 시대의 〈교육칙어〉를 연상하게 할 뿐이다. 또 추구하는 교사의 상像도 한국처럼 교육 전문가가 아니다. '(애국심이라는) 숭고한 사명을 깊이 자각한' 성직자로서의 교사다.[18] 아무리 봐도 민주주의를 지향하는 교육이념과는 거리가 멀다. 과연 과거의 국가주의 교육이념으로 산적한 교육 문제를 해결할 수 있을까.

일본 지배층은 교육뿐만 아니라 많은 분야에서도 시계를 무리하게 거꾸로 돌리려고 한다. 개인은 국가 통제의 대상이라는 사고를 노골적으로 드러내고, 자율적인 개인은 이기적인 존재로 치부한다. 국가公가 다시 비대해지면서 개인私은 지나치게 위축되고 있다. 이러다가는 개인이 정말로 소멸할지도 모른다. 공과

사의 균형이 갈수록 무너지고 있는 일본은 위태롭고 위험해 보인다.

07

일본이 '약한 시민사회'로
불리는 이유는

일본에서 특파원으로 있으면서 시민단체를 취재할 기회가 적지 않았다. 만나는 단체는 다양했는데, 대체로 활기가 떨어진다는 인상을 받았다. 일단 나이 드신 분이 많았다. 70대 이상이 대부분이고 젊은 세대는 보기 힘들었다. 참여 인원도 적었고 사무실이 있는 경우도 드물었다. 다른 특파원들도 비슷한 이야기를 했다. 안타깝지만 '고립된 소수의 외롭고 힘겨운 싸움', 그게 일본 시민단체의 이미지였다.

그런데 일본인 지인 중에는 "일본에는 많은 시민단체가 활발하게 활동하고 있다."며 내 생각에 반박하는 이가 적지 않았다. 그들과 논쟁을 하다 보니 각자 말하는 시민단체가 전혀 달랐다는 점을 깨달았다. 나는 일본에서 주로 취재했던 한일 과거사나 인권 관련 시민단체들을 말했는데, 상대는 지역과 환경 관련 시민단체들을 말하고 있었다. 결론적으로 나도 그도 틀리지 않았던 셈이다.

'사회운동'이 아닌 '사회활동'에 방점을 둔 일본 시민단체

그렇지만 이런 어긋남은 '시민단체'라는 단어의 뜻이 너무 광범위해서 생긴 것만은 아니다. 분명히 한국과 일본의 시민단체의 성격은 꽤 다르다. 한마디로 한국의 시민단체는 '사회운동'에, 일본의 시민단체는 '사회활동'에 방점을 두고 있다는 평가를 받는다. 일본 시민단체는 저항적이고 사회변혁적인 성격보다 생활 밀착형 또는 지역 중심이 많다. 우리 관점으로는 시민단체보다 '사회경제' 단체로 분류하는 게 더 자연스러운 곳도 많다. 반면 일본 시민단체는 한국 시민단체에 대해 정치색이 짙다거나 비판적이고 투쟁적이라고 말한다.[19]

가장 큰 이유는 역사의 차이다. 한국 시민단체의 뿌리는 민주화운동이다. 1990년대 이후 새롭게 경제정의와 환경, 소비자, 여

성 등으로 다양하게 분화했지만, 1980년대 민주화 투쟁의 연장
선에 있다. 반면 일본 시민단체 가운데는 1960년대 절정이었던
이른바 '데모의 시대'와 단절을 강조하는 곳이 많다. 사회봉사를
목적으로 시작한 단체가 주류를 이룬다. 중앙보다 지역에 기반
을 두고, 지역의 생활에서 발생하는 문제 해결을 추구하는 풀뿌
리운동으로 발전해왔다.

그런데 아무리 역사적 맥락이 다르다고 해도 일본 시민단
체는 안팎으로 "정치적 이슈에 대한 역동성이 지나치게 떨어진
다."는 평을 듣는다. 한국 단체들이 종종 정치 과잉이란 비판을
받는다면, 일본 단체들은 소극성을 넘어 결핍이란 비판까지 받
는다. 왜 일본 시민단체는 '탈脫정치'적인 성격을 갖게 됐을까?

일본에서 시민단체가 성장한 결정적인 계기는 1995년의 한
신阪神대지진이었다. 끔찍한 재난 소식에 전국에서 120만 명이
넘는 자원봉사자가 모였고, 효율적이고 즉각적인 재난구호활동
을 벌였다. 반면 일본 정부는 관할권을 둘러싸고 부처 간에 다툼
을 벌이는 등 실망스러운 모습을 보였다. 대조적인 모습에 많은
사람이 강한 인상을 받았고, 이는 시민단체에 대한 관심 증가와
참여로 이어졌다. 그리고 시민단체의 활성화는 1998년 '비영리
법인NPO: Non-Profit Organization법' 제정의 원동력이 됐다. 이후 일
본에서 NPO는 꾸준히 늘어나 2018년 말 기준 5만 개가 넘을 정
도로 폭발적인 성장을 이뤘다.[20]

그럼 그전 일본 시민단체의 모습은 어땠을까? 한국보다 30년 이상 먼저 시작한 분야가 있을 정도로 역사가 길었지만, 전체적으로 활기가 넘치지는 않았다. 무엇보다 시민단체의 생명이라 할 독립성과 자율성이 떨어졌다. 다른 나라에 비해 훨씬 까다롭고 엄격한 규제 중심의 법체계, 재량권을 남용하는 관료들의 통제와 간섭 탓이 컸다. 시민단체들은 운용방식이나 목적이 정부가 생각하는 바람직한 방향이 아니면 법적으로 인정받기 어려웠다. 비록 법적 지위를 얻는다고 해도 보고를 비롯해 정부 기관의 요구사항이 너무 많았고 간섭도 심했다. 때로는 '정부의 값싼 하청기관'으로 전락하는 사례도 적지 않았다. 뜻있는 이들은 비공식적인 임의단체로 활동할 수밖에 없었고, 당연히 활동의 제약도 많아 위축될 수밖에 없었다.

NPO법 제정 이후는 많이 변했을까? 전문가들은 법 제정으로 전례 없는 자율성을 누린다고 긍정적으로 평가한다. 공적 정당성을 부여받아 활동에 큰 도움이 됐다고 말한다. 하지만 시민단체를 지나치게 통제하려는 일본 정부, 특히 자민당의 자세가 변했는지에 관해서는 의구심을 갖는다. 시민단체를 자선단체쯤으로 여기고 국가가 맡아야 할 공공기능을 떠맡기면 그만이라는 관료가 여전히 적지 않다고 말한다.[21]

일본 시민단체의 지나친 '정치와의 선 긋기' 성향도 발전을 가로막고 있다는 지적이 많다. 일본 NPO는 "회원 수가 적다, 전문 직원 수가 적다, 예산액이 적다, 활동하는 지역이 좁다"는 네 가지 특성이 있다고 한다. 정부의 까다로운 규제 탓이 크지만, 단체 스스로 지역문제·생활문제로만 범위를 좁힌 점도 적잖이 작용한다. 국가적·보편적 문제로 활동을 넓히는 데는 관심이 없어서 스스로 한계를 만든다는 것이다. '평범한 소시민'이라는 정체성을 중시해서다. 그렇다 보니 사회를 변화시키는 힘, 특히 정치와 기업의 권력 집중을 견제하는 역할을 하지 못하고 있다는 평가를 받는다.

일본 시민단체의 지나친 '정치 알레르기'에는 사회 분위기가 크게 작용하고 있다고 전문가들은 말한다. 일본인이 정치성이 강한 단체에 거부감을 갖기 때문에 '순수성'을 지나칠 정도로 강조해야 할 필요가 있다는 것이다. 시민들의 지지가 없다면 시민단체는 존립할 수 없는 법, 시민단체의 성향도 그 사회를 반영하고 있는 셈이다.

정치 참여에 부정적인 일본인… '광장'을 회피한다?

일본인이 정치 이야기를 좀처럼 화제로 삼지 않는다는 건 유명하다. 종교와 더불어 약간 금기시까지 한다. 나도 일본 생활 내내 그런 인상을 받았다. 그래도 친한 사이에서는 술기운이 오르면 무심한 척 자신의 '정치관'을 한두 마디 꺼내곤 하는데, 부정적인 뉘앙스가 대부분이었다. "시위해서 무엇 하냐? 그런다고 세상이 바뀌지 않는다." 우익이나 좌익에 대해 모두 마찬가지다. 정치 자체에 냉소적이고 거부감을 보일 때가 많다.

전직 판사이자 《절망의 재판소》의 저자인 세기 히로시는 이런 분위기가 매우 답답하다고 토로했다. 그는 "일본에서는 데모와 시민운동, 국가나 사회의 바람직한 모습에 대해 생각하고 이야기하는 것이 '해도 괜찮기는 하지만 사실은 하지 않는 편이 좋은 일'이라는 보이지 않는 선線에 걸린다."고 지적했다.[22] 또 이 선을 넘는 것뿐만 아니라 그와 같은 주제에 흥미를 갖고 생각하고 말하고 행동하는 것 자체에 대해서 일종의 알레르기 반응을 보인다고 말했다. 이 글을 읽고 나도 다소 놀랐다. 난 일본인이 상대방의 사생활을 존중해서 정치 이야기를 되도록 삼간다고 생각했지, 이 정도로 '혐오'하는지는 몰랐다.

한국 특파원 출신의 일본인 지인은 종종 이런 경향을 "일본인은 '광장'으로 나오려 하지 않는다."고 비유하곤 했다. 문제를 느껴도 혼자서 속으로 부글부글 끓다가 제풀에 지치고 만다는 것이다. 그는 일본인이 사회적 연대나 집단행동을 통해 문제를 사회적으로 '공론公論화'하고 해결책을 모색하는 경우가 드물다고 한탄했다.

그러다 보니 일본 사회 내부의 문제와 모순이 방치되는 경우가 많다. 분명히 많은 이가 공감하는 심각한 문제인데도 사회적 호응이 없어서 고립된 개인의 외침으로 그친 채 사그라지곤 한다. 미투 운동이 전형적인 사례다. 특히 정부가 아무리 무능하고 오만한 정책을 펴도 결과적으로 질책하지 못하고 침묵할 때가 많다.

냉소의 배경으로 1960년대 전공투全共鬪, 전학공투회의와 일본 적군파赤軍派로 상징되는 과격 투쟁에 대한 부정적 기억을 드는 사람이 많다. 극단을 달리는 폭력적이고 파괴적인 행태에 시민들이 큰 충격을 받고 외면해버렸다는 것이다.

더 나아가 근본적으로 일본 근현대사에서 '아래로부터의 개혁'이 성공한 적이 없다는 점을 들기도 한다. 그러고 보면 일본에서는 줄곧 '위로부터의 개혁'의 연속이었지, 우리의 4·19혁명이나 6월 민주항쟁처럼 미완이라도 성공한 적이 한 번도 없다. 처절한 좌절의 기억밖에 없다. '승리의 기억'은 저항의 역사에서 큰 원동력으로 작용한다. 일본 시민들은 일종의 '학습된 무기력감'에 빠진 것일까.

더 과거로 거슬러 올라가 '원래부터' 일본인은 순응적이었다고 설명하는 이들도 있다. 예를 들어 일본 민중은 한국이나 중국처럼 민란으로 부를 만한 행동을 일으킨 적이 드물다는 것이다. 실제로 에도 시대에 '잇키一揆'라는 농민들의 무장봉기가 꾸준히 일어났지만 소요 수준을 벗어나지 않았다. 농민들은 조용하게

일본인이 사회적 연대나 집단행동을 통해 문제를 공론화하고 해결책을 모색하는 경우가 드물다는 한탄도 나온다. 일본에서는 정부가 아무리 무능하고 오만한 정책을 펴도 결과적으로 질책하지 못하고 침묵할 때가 많다. 냉소의 배경으로 1960년대 전공투와 일본 적군파로 상징되는 과격 투쟁에 대한 부정적 기억을 드는 사람이 많다.

사진 출처 Wikimedia Commons

일종의 매뉴얼이 있는 것처럼 행동했다. 주동자는 처벌받았지만 대체로 '원만하게' 해결됐다.

규범을 깨는 것에 가혹한 일본

일본인은 왜 '약한 저항의 역사'를 가지고 있을까? 여러 연구자는 먼저 지진과 태풍 같은 자연재해가 많고 섬으로 고립된 환경이라는 점을 거론한다. 피해를 줄이기 위해 하나로 똘똘 뭉쳐야 하는 상황이 많았고, 따라서 함께 망하는 극단적인 파국만은 모두 피했다는 것이다. 일본인이 '와和'라고 부르는 강한 공동체의식이 집단갈등을 최소화했다는 설명이다. 각자의 역할과 집단 내 위치인 '분수'가 강조됐고, 공동이익에 해가 되는 행위는 가혹하게 처벌했다는 것이다. "일상 속에서 묵묵히 제 할 일을 하는 사람"이 언제나 바람직했다.

단 여기서 규범은 "집단이 정한 것"이라는 점이 중요하다. 객관적인 옳고 그름은 다음 문제였다. 따라서 집단규범이 바뀌면 완전히 상반된 것이라도 새 규범에 충실해야 했다. 예를 들어 "빨간 불이라도 모두 건너면 괜찮다."는 식이다. 물론 이 규범을 바꿀 수 있는 사람은 위계질서의 '윗분'이었다. 예를 들어 일왕의 태평양전쟁 패전 선언이 있고 난 뒤, 얼마 전까지 원수처럼 여기던 미군을 열렬히 환영했던 일이 대표적이다. 당시 미군은 예상 밖 환대, 특히 더글러스 맥아더 장군을 신처럼 섬기는 일본인의 태도 변화에 깜짝 놀랐다고 한다. 또 1872년 일왕이 육식 해제령을 내리자 불교 등의 이유로 1200년 동안이나 지속됐던 육식 금지가 한순간에 풀린 일도 같은 맥락이다. 이런 180도 변신은 참 모순된 행동처럼 보이지만, 정작 일본인은 모순을 느끼지 않는다.

일본인이 끈끈한 공동체 의식을 유지할 수 있었던 이유로 인구 이동이 적은 안정된 사회였다는 점을 지목하는 학자가 많다. 붙박이로 오래 살 수밖에 없는 환경일수록 구성원은 자신의 욕망을 억제해 갈등을 일으키기보다 타협하며 사이좋게 지내려고 노력하는데, 일본은 인구 유동성이 유독 낮아서 '가깝고 깊은' 공동체를 유지할 수 있었다는 설명이다. 폐쇄적인 공동체 안에서 유대감을 키운 구성원의 집단성·동질성이 강할 수밖에 없다는 것이다.

우리도 비슷하지 않나 싶지만, 연구를 보면 일본은 과거나 현재에도 한국보다 이동이 훨씬 적었다. 조선 사회는 신분 이동이나 지역 이동 면에서 동시대 일본보다 훨씬 유동적이었다. 서울대학교 이영훈 명예교수는 "조선은 18세기에 적어도 두 세대에 걸쳐 한 번, 19세기엔 한 세대에 한 번 다른 지방으로 이사한 반면에 일본은 거의 이동이 없었다."고 분석했다.[23] 따라서 조선의

촌락은 일본과 비교해 공동체적 성격이 희박해 느슨한 사회였고, 그만큼 불안정하지만 역동적이었다. 현대에 들어서도 일본의 인구 이동은 한국의 4분의 1에 불과하다는 연구 결과도 있다.

"한국은 갈등 '외재화' 사회, 일본은 갈등 '내재화' 사회"

한국과 일본은 갈등 해결 방식에도 차이점을 드러낸다. 이누미야 요시유키 교수는《주연들의 나라 한국 조연들의 나라 일본》에서 한국인은 자기주장이 강하고 진취적이지만, 갈등이 밖으로 드러나 조정과 타협이 어려운 갈등 '외재화外在化' 사회가 되기 쉽다고 진단한다. 근본적인 문제해결이라는 장점이 있지만, 자칫 과잉과 분열로 치달아 사회 전체적으로 피로감이 쌓이곤 한다는 것이다. 반대로 일본은 갈등이 밖으로 드러나지 않지만, 억제에 치중해 안으로 곪기 쉬운 갈등 '내재화內在化' 사회로 흐른다고 말한다. 문제의 본질을 외면하다 보니 언젠가 모순이 폭발한다고 지적한다.

한일 간 차이점은 '미투'나 최근의 '학투(학교폭력 미투)'를 보는 시각에서 확연히 드러난다. 한국에서는 피해자의 고통을 우선해, '거짓 학투'와 마녀사냥 같은 부작용을 감수하고라도 잘못을 바로잡아야 한다는 정서가 강하다. 특히 어린 학생들에게 경각심이라는 학습효과를 심어주고 자정작용도 일어날 것이라고 기대한다. 반면 일본은 갈등과 혼란에 주목했다. 일본에서도 화제가 되며 여러 방송에서 다뤄졌는데, 출연한 토론자들은 긍정적인 효과보다 부작용에 초점을 맞췄다. 어릴 때 미숙함으로 생긴 문제를 수십 년이 지난 지금 해결하려는 것은 득보다 실이 많다는 분위기가 우세했다. 교훈이나 억제력도 생기지 않는다고 주장했다. 일부 토론자는 과거사 문제와 연결해 "한국은 집요하게 복수하는 사회"여서 그렇다는 논리까지 폈다.

어떻게 생각하는가? 푸는 과정이 괴로우니 피해자에게 "미안하지만 견뎌라."라며 침묵을 강요할 수 있을까? 우리는 분명히 단기적으로 치르는 사회적 비용이 많더라도 문제를 드러내 해결하고 '새로운 표준'을 세우는 것이 장기적으로 바람직하다는 사실을 안다. 우리는 식민지배와 분단체제에 기원을 둔 무수히 많은 사회 문제와 모순을 적지 않은 희생과 헌신을 통해 해결하며 학습해왔고, 지금의 건강한 시민사회를 만들어냈다.

시민운동을 하려면 '시민'이 있어야 한다. 질서를 잘 지키고 줄을 잘 선다고 시민이 되는 것은 아니다. 자발적이고 능동적인 시민이 든든한 바탕을 이뤄야 한다. 일본에서는 자발적인 사회운동의 싹이 결국 국가 주도의 흐름으로 흡수되거나 좌절된다는 주장이 있다. "시민사회는 사실상 발견되지 않는다."는 평가까지 나온다. 강상중 교수는 "'강한 국가'가 '약한 시민사회와 개인'을 압도하고 있다."고 지적한다.[24] 3·11 동일본대지진 이후 일본 사회가 변하고 있다는 전망이 나오고 있다. 특히 젊은이들의 능동적이고 신선한 움직임이 희망을 주고 있다. 일본이 '강한 시민사회'를 이루길 바란다.

왜 한국 정부는
731부대원에게 훈장을 줬을까

Episode 1. 731부대원이 국민훈장을 받았다고?

2013년 국정감사에서 과거 한국 정부가 전前 731부대원에게 훈장을 수여했던 사실이 폭로됐다. 논란의 인물은 가토 가쓰야加藤勝也, 1973년 11월의 일이었다. 그것도 당시 문화·학술 분야에 이바지한 외국인에게 주는 최고의 훈장인 국민훈장 동백장이었다. 잔인한 생체실험으로 악명 높은 731부대원에게 처벌을 내리지 못할망정, 최고의 영예인 훈장이라니…… 어이없는 일에 논란이 일었다. 왜 정부가 가토에게 훈장을 줬는지 알려진 것이 없었고, 관계 부처는 다들 답변을 회피했다. 당시 탐사보도 프로그램 〈현장 21〉 팀이었던 나는 쌓인 의문을 풀기 위해 일본을 찾아갔다.

일본 전문가의 도움을 받았지만, 가토의 행적을 추적하는 일은 생각보다 쉽지 않았다. 731부대원 중 최고 간부급 200여 명이 친목을 위해 만든 전우회인 이른바 '정혼회精魂会' 명부가 없었다면 도저히 찾을 수 없었을 정도다. 가토는 이미 20여 년 전에 사망했지만, 그의 이력은 화려했다. 일본 예방의학과 집단검진 분야의 일인자로 영예를 누렸으며, 사후에 그의 이름을 기리는 의학상도 제정됐다. 731부대는 그의 경력에 큰 도움이 되었을 터였다. 가토는 731부대에서 발진티푸스와 백신 제조 분야를 맡았다. 세균 병기 개발을 위해서였다.

다른 731부대 출신도 살아있을 때 승승장구했다. 정혼회 회원의 절반 이상이 유명 의대와 약대 교수, 의사, 제약업체 사장, 고위 공무원이었다. 731부대 시절 잔인한 생체실험을 통해 얻은 지식을 활용해 화려한 출세의 길을 걸었던 것이다. 그러나 가토를 포함해 그들 모두 731부대와 관련된 이력은 철저히 숨겼다. 취재하면서 수소문한 다른 정혼회 회원 중 자신의 전력을 주변에 알린 이는 아무도 없었다. 사병 몇 명이 죽기 전 양심선언을 했지만, 간부급에서는 없었다. 그들은 추악한 진실을 무덤까지 갖고 갔다.

가토가 훈장을 받았던 이유는 무엇일까. 당시 한국 신문을 찾아보니, 그가 제주도와 경남 등지에서 기생충 퇴치 봉사를 한 공로로 훈장을 받았다는 기사가 짧게 실려 있었다. 일본 신문에도 "가토 씨가 저개발국 한국의 기생충 조사를 위해 훈장을 받기 전까지 한국을 여섯 차례 다녀갔다."고 나와 있었다. 또 다른 일본 신문에는 그가 한국뿐만 아니라 중국도 여러 차례 방문해 '의학 봉사'를 했다는 인터뷰 기사가 있었다. 731부대 희생자 대부분은 중국인과 한국인이었다.

가토는 어떤 마음으로 한국과 중국에서 의학 봉사를 했을까? 731부대 시절 자신이 가담했던 만행에 대한 나름의 속죄라고 생각했을까? 자신은 명령에 따를 수밖에 없었다며 평생 합리화하며 살았을까? 취재하면서 그에게 묻고 싶은 말이 많아졌다. 그리고 어쩌면 적지 않은 일본인이 가토 방식의 '반성'과 '자기 위안'을 하며 살아가고 있지 않을까 하는 생각도 들었다.

Episode 2. 진주만 기념관의
가미카제 특공대를 둘러싼 동상이몽

미국 하와이 진주만에는 '전함 미주리호 기념관'이 있다. 태평양전쟁에서 맹활약했던 미주리호를 퇴역 후 살아 있는 역사 기념관으로 이용하는 것이다. 1945년 9월 2일 일본의 역사적인 항복 문서 조인식도 이 배 위에서 거행됐다. 우리와도 인연이 깊다. 미주리호는 한국전쟁에도 참전해 인천상륙작전과 흥남철수 작전에서 든든한 전우로 크게 전과를 올렸다.

2015년부터 미주리호에 독특한 전시관이 생겼다. 가미카제神風 특공대 전시관이다. 사연은 이렇다. 태평양전쟁이 한창이던 1945년 4월 12일, 오키나와 북동쪽 해역에서 작전 중이던 미주리호로 가미카제 특공 비행기 한 대가 자살공격을 감행했다. 특공기는 별다른 타격을 주지 못했지만, 죽은 소년병 조종사의 상반신 유해가 선상에 참혹하게 떨어졌다. 이때 당시 미주리호 함장은 놀랄 만한 결정을 했다. 이 조종사를 애도하며 군인의 예우를 다해 장례를 치러준 것이었다. 전쟁이 끝난 뒤에도 미담은 이어졌다. 이야기를 전해 들은 죽은 소년병의 가족이 함장의 후손을 만나 감사 인사를 전했다. 일화가 유명해지면서 2015년에는 사건 70주년을 맞아 기념행사와 함께 소년병의 유서와 일기, 사진 등 유품 전시회가 열렸다. 이후 다른 가미카제 특공대 관련 전시물도 확충하고 규모도 늘려 오늘에 이르렀다고 한다.

영화 같은 이야기다. 비극적으로 희생된 앳된 소년병의 생전 사진을 보고 있으면 전쟁의 잔인함을 절감하고 숙연해진다. 너무나 무모하고 광기 어린 자살 공격 작전에 동원돼 어이없이 스

Petty Officer 2nd class, Ishino

Setsuo Ishino as a child (holding plane)

A Burial at Sea

At 0900 on April 12, 1945 in waters northeast of
Okinawa, as the last major battle of World War II
rages at sea and ashore, the body of a Japanese pilot,
who attacked the battleship USS Missouri the day
prior, is readied for burial at sea.

2015년부터 전함 미주리호 기념관에 개장한 가미카제 특공대 전시관은 1945년 4월 12일 미
주리호에 가미카제 공격을 감행한 소년병 조종사의 유품을 비롯해 가미카제 특공대와 관련
한 자료를 전시하고 있다. 같은 비극이 반복되지 않길 바라는 반전의 메시지는 일본 우익의
가미카제 대원 영웅화와 원치 않게 맞물리고 있다.

사진 출처 thetravelphile.com

러져갔다는 생각에 안타까움이 짙어진다. 다시는 같은 비극이 반복되지 않았으면 좋겠다는 반전反戰의 메시지를 전해준다.

그러나 일본 보수우익은 이 일화조차 다르게 채색하고 있다. 전쟁의 참상을 일깨우기보다는 '애국의 헌신'으로 기억하려고 든다. 대표적인 것이 2016년 미주리호를 방문한 직후 곧바로 야스쿠니靖國신사를 참배했던 당시 이나다 도모미稻田朋美 방위상의 사례다. 전례 없는 현직 방위상의 야스쿠니신사 참배 이유로 파문이 일자 그는 "미주리호에 장식된 일본 특공대원들의 유서와 사진을 보고, (야스쿠니신사의) 영령들에게 보고하기 위해서"라고 답했다. 이에 앞서 2015년에는 미나미규슈南九州시가 '지란知覽 특공평화회관'에 소장된 가미카제 특공대원들의 유서와 편지를 유네스코 기록유산으로 등재 신청하는 무리수를 두기도 했다. '지란 특공평화회관'은 간판과 달리 평화나 반전과는 거리가 먼 침략전쟁 미화와 자폭 대원의 영웅화에 치우친 전시물로 빈축을 받아온 곳이다.

미주리호 가미카제 전시관을 찾은 일본인은 반전과 애국 중 어떤 메시지를 읽을까?

Episode 3. 집단 수용된 일본계 미국인의
피해를 강조하는 일본

전쟁은 가해자인 일본 국민에게도 끔찍한 비극이었다. 보통의 일본인은 전시체제에 동원돼 착취와 수탈을 당하고, 극심한 전쟁 피해를 겪었다. 일본인은 전쟁을 통해 270만 명의 귀중한 생명을 잃었다. 살아남은 이도 사랑하는 가족, 연인, 친구를 떠나보낸 슬픔을 가슴에 묻은 채 고통 속에 평생을 보내야 했다. 온 나라가 광기에 휩쓸린 대가는 참혹했다.

일본에 살면서 '한국인은 잘 모르지만 일본인은 너무 잘 알고 있는' 전쟁의 역사를 알 수 있었다. 일본의 '종전 기념일', 즉 우리의 광복절을 전후해 방송사들은 다양한 기획을 한다. 그중 인상적이었던 것이 2010년 TBS에서 방영된 〈99년의 사랑: 일본계 미국인99年の愛: Japanese Americans〉이라는 드라마였다. 드라마는 제2차 세계대전 중 미국이 일본계 미국인을 집단수용한 사건을 중심으로 이야기를 전개했다. 일본계라고는 하지만 엄연한 미국 시민인데, 미국 정부가 적국 국민처럼 처리한 미국의 부끄러운 역사 중 하나다. 나는 "아, 그런 일도 있었구나." 하고 놀랐고, 그들의 아픔에 공감했다.

그러나 사건과 관련된 자료를 찾아보면서 한편으로 씁쓸해졌다. 왜 일본인은 미국의 사후 조치를 보고 상대적으로 느끼는 것은 없었을까 하는 생각이 들어서였다. 북미 지역에서 수용소 생활을 한 11만 명의 일본계 미국인과 캐나다 시민은 1990년 미국과 캐나다 정부로부터 1인당 2만 달러씩 보상금을 받았다. 미국 의회는 12억 5,000만 달러를 마련했으며, 또한 이들 각자에게 대통령이 서명한 사과의 친서를 보냈다. 자신들이 저지른 잘못을 반성하고, 피해자들에게 사죄한 것이다.[25]

특히 일본군 '위안부' 합의를 전후한 일본 정부의 그것과 겹쳐졌다. 일본은 일본군 '위안부' 피해자에게 미국이 취한 태도의 몇 분의 1이라도 보여줄 수는 없었을까? 최소한 피해자들이 누누이 말했던 총리 명의의 친서 정도는 보낼 수 있지 않았을까? 일본인은 미국으로부터 보상과 사죄를 받으면서 자신들이 벌인 전쟁의 피해자들에게 전한 보상과 사죄가 부족하다는 생각은 안 들었을까?

"왜 독일같이 못 하나" vs "독일과 일본은 달라"

전 도쿄 특파원이었던 한국 기자들과 현 서울 주재 일본 특파원들과의 정기 모임이 있었다. 1년에 몇 번 만나 친분도 쌓고, 한일 간 각종 현안에 관해 의견을 교환하곤 했다. 어느 날 "왜 일본은 독일과 달리 반성하지 않나?"라는 주제로 치열한 논쟁이 붙었다. 한국 기자들은 제2차 세계대전 패전 이후 독일과 일본의 '하늘과 땅만큼 차이 나는' 태도를 강조했지만, 일본 특파원들은 이에 수긍하지 못했다. 일본 특파원들은 여러 차이를 조목조목 대며 일본을 독일과 비교하는 것 자체가 말이 안 된다는 주장을 펼쳤다. 결국 논쟁은 팽팽한 평행선을 이루다 끝났다.

일본 특파원뿐만 아니라 많은 일본인이 한국이 독일과 일본의 반성 태도를 비교하는 것을 못마땅해한다. 사람마다 근거는 제각각이지만, 가장 많이 쓰는 논리가 당시 한국은 일본의 식민지로 같은 '일본 국민'이었던 만큼 전쟁 피해 국가로 분류할 수 없다는 것이다. 구미의 어느 나라도 식민지 지배를 사과한 나라는 없는데, 일본이 그나마 '대인배'라서 사과한다는 말까지 한다. 또 일본은 독일처럼 '침략'이 아니라 '진출'이었다고 강변하기도 한다. 독일은 침략으로 일관했고 아우슈비츠 만행 등 끔찍한 전쟁범죄를 저질렀지만, 일본은 국제 정세상 '어쩔 수 없이' 독일과 이탈리아의 추축국 동맹에 휘말린 것뿐이었다고 합리화한다. 당시 아시아 국가들은 유럽과 달리 서구 제국주의 식민지였던 만큼 '식민지 해방 전쟁'의 성격을 띠었다는, 낡은 대동아 공영권大東亞共榮圈식 논리를 여전히 내세우기도 한다.

왜 독일과 일본의 전후 반성에 큰 차이가 나는 것일까? 두 나라의 역사적·문화적 배경이 근본적으로 다르기 때문이지만, 연합국 점령 정책이 둘을 갈랐다는 평가도 적지 않다. 먼저 독일은

일본이 선진국이라는 착각

일본과 비교해 확실한 '인적人的 단절'을 이루었지만, 일본은 그렇지 못했다는 것이다. 독일에는 나치Nazi라는 확실한 '전쟁 원흉'이 있었고, 연합국 최고사령부는 '비非나치화'라는 명확한 점령 정책을 시행했다. 특히 미국은 불공평 논란에도 과거 나치 당원을 식별하기 위해 점령지역 1,300만 명을 대상으로 과거 경력을 묻는 설문조사를 실시하는 등 철저한 인적 배제 정책을 폈다.

반면 일본에서는 통치 편의를 이유로 전쟁의 최종 결정권자인 일왕의 책임을 묻지 않기로 하면서 많은 정책이 꼬여갔다. 주모자가 없는데 책임 추궁이 제대로 될 리가 없었다. '군국주의의 뿌리 제거'라는 목표를 정했지만, 모호하고 추상적이어서 정책 혼선이 잇달았다. 일부 일본군 장성의 전범 재판과 처형, 군인과 경찰 그리고 재벌의 공직 추방이 있었지만, 보여주기식이었고 철저하지 못했다. 기존 일본 정치조직을 통한 '간접 통치' 방식도 개혁에 걸림돌이 됐다. 결국 패전 후에도 지배층은 별로 바뀌지 않았고, 많은 것이 연속되는 결과를 빚었다.

대신 미국은 점령 초기 일본에 민주주의적 제도를 도입하는 데 집중했다. 일본을 민주화의 경험이 거의 없는 사실상의 전근대 사회로 인식했기 때문이다. 또 독일과 달리 미국이 단독 점령한 만큼 상대적으로 개혁을 강력하게 추진할 수 있었다. 역사에 가정이란 의미가 없지만, 이 개혁이 순조롭게 계속됐다면 일본에서도 충실한 전쟁 책임 인정과 반성이 이뤄졌을지 모른다. 하지만 동아시아에서 냉전이 격화되고 이른바 '역코스'로 불리는 극적인 방향 전환 사태가 일본을 과거로 되돌려놓았다.[26]

상징적인 사례가 1953년 11월 도쿄를 방문한 당시 미국 부통령 리처드 닉슨의 발언이다. 그는 미일협회 환영회에서 "미국이 일본의 신헌법에 제9조 평화조항을 넣은 것은 실수였다."고 말했다. 이는 말실수가 아니었다. 미국은 계속 일본의 재무장을 요구하고 있었다. 앞서 10월의 로버트슨·이케다 회의에서는 아예 노골적으로 일본을 압박했다. 몇 년 전 승전 직후 "일본을 아시아의 스위스로 만들겠다."고까지 말하고 평화헌법을 만들었던 미국의 태도와는 180도 다른 태도였다.

미국의 대일 점령 정책 변화는 이미 1947년 후반부터 시작됐다. 냉전이 본격적으로 시작되면서 계획됐거나 진행되고 있던 민주화 정책이 중단되거나 취소됐다. '일본의 비非군사화' 정책도 멈췄다. 1949년 중국의 공산화, 1950년 한국전쟁 발발은 결정적이었다. 미국은 한국전쟁 지원을 이유로 일본에 지상군 30만 명 동원을 요청하기까지 했다.

전후와 냉전의 '역코스'… 일본 '민주화'가 멈춘 이유

'역코스逆course'는 일본식 조어다. 우리말로는 '역행'이 적합하겠지만, 하나의 용어로 굳어졌다. '역행'이라고 할 만큼 정책을 완전히 뒤집었다는 의미와 민주화라는 시대 흐름을 거슬러 퇴보했다는 의미를 품고 있다. 역코스를 빼놓고는 일본의 지배층이 반성하지 않는 이유를 설명하기 어렵다. 패전 직후 21만 명이 자의 또는 타의로 공적인 자리에서 추방됐다. '일본 지배층 대청소'로 표현될 정도였다. 물갈이와 변화의 바람이 일시적으로 불었다.

그러나 역코스를 통해 전쟁 전의 핵심 권력층이 시차를 두고 대부분 복귀했다. 패전 전후로 인적 구성 면에서 크게 바뀐 것이 없어진 셈이다. 지배층은 미국식 제도 도입을 일부 개선과 보완의 기회로 삼았을 뿐, 반성과 개혁의 기회로 삼지 않았다. '불완전한 민주화'는 두고두고 일본 정치, 나아가 일본 시스템 개혁의 발목을 잡았다. 절호의 민주화 기회를 놓친 것이었다. 불과 2년이라는 시간과 '관대한' 처벌을 통해 그들이 개과천선하기를 기대하는 것은 무리였다.

그래도 누군가에게 패전의 책임을 돌려야 했다. 사람들은 신념과 실제가 일치하지 않는 '인지부조화' 상태를 참을 수 없기 때문이다. 순리대로라면 일왕이 책임을 져야 했다. 하지만 미군이 이미 면죄부를 준 데다 오랫동안 신과 같은 존재로 '상징조작'됐던 일왕에게 전쟁 책임을 묻지 않았다. 일본인은 모든 전쟁 책임을 군부, 특히 육군에게 몰아붙이는 식으로 진행했다. 구체적으로는 군사적으로도 무능하고 부패한 군 간부들에 대한 비판, 정치 권력을 휘두른 군인 관료에 대한 비판, 비합리적이고 비인간적인 군대 조직에 대한 비판 등이 그것이었다.

극동국제군사재판의 미흡한 처벌도 '책임 몰아주기'를 부추겼다. 재판 결과 25명에게 유죄가 선고됐지만, 사형이 집행된 7명을 제외하고 나머지는 전원 석방됐다. 냉전이 격화되면서 관대한 처벌로 조기 종결한 것이었다. 이들 25명의 주된 죄는 미국을 상대로 전쟁을 벌이자고 적극적으로 주장한 것이었지, 아시아에 대한 일본의 침략행위는 아니었다. 특히 조선 식민지 지배에 대한 책임 추궁은 애초부터 빠져 있었다.

이런 처리 방법은 일본인의 독특한 합리화로 나타났다. "육군을 중심으로 한 일부 범죄적 군벌이 전쟁 책임을 져야 하고, 일왕도 국민도 진실을 알지 못한 채 군벌에게 속은 희생자"라는 역사관의 성립으로 이어진 것이었다. 군부를 '꼬리 자르기'한 셈이었다. 그들의 편리한 역사관은 전시 중의 궁핍하고 통제된 국민 생활이나 군인의 횡포에 대한 생생한 기억에 뿌리를 둔 만큼, 아주 강한 심적 근거와 공감대가 있었다. 이는 대부분 일본인이 자신과 군부를 분리함으로써 스스로 합리화하는 방어기제로 작

일본이 선진국이라는 착각

동했다. "나도 피해자"라는 역사관의 확산은 자신들이 가해자이며 침략전쟁을 일으켰고 주변국에 큰 고통을 줬다는 인식을 갖지 못하게 만들었다. 일종의 집단마취였다.

1951년 일본과 연합국 사이에 체결된 샌프란시스코 강화조약의 결과도 일본인의 전쟁 책임 의식을 옅게 만들었다. 소련과의 냉전에서 반공 진영에 편입됨으로써 더는 가해자나 침략자로 취급받지 않으면서 일본의 전쟁 책임은 최소한으로 줄었다. 강화회의에 참가한 요시다 총리가 "복수復讐의 조약이 아닌 화해와 신뢰의 문서다."라며 감격할 정도였다. 이는 아시아 침략행위에 대해 일본이 국제적 면죄부를 받았다고 '착각'하게 만들었다.

일본은 이후 독일과는 비교가 안 될 만큼 적은 전후 배상을 했다. 독일의 배상 금액에는 나치 피해자들에 대한 보상 등이 포함돼 있다고 하지만, 독일 정부는 2010년까지 배상금, 보상금, 연금의 형태로 모두 933억 마르크를 지급했으며, 총 1,238억 마르크 지급을 약속하고 충실히 이행하고 있다. 반면 일본 정부의 지급은 최대한으로 잡아도 독일의 8분의 1인 6,200억 엔, 최소한으로는 독일의 40분의 1인 2,500억 엔 정도로 추산된다. 2,500억 엔은 일본의 재향군인과 그 가족에게 1년 동안 지급되는 연금과 수당에도 못 미치는 액수다.

더욱이 지급 형태도 실제 보상이나 배상보다 상업적인 의도를 우선시했다. 일본은 전쟁의 직접 피해국인 인도네시아와 필

리핀에 배상·경제협력의 명목으로 8억 달러씩 지급했다. 하지만 실제로는 돈이 아니라 현물 제공과 기술력·노동력 제공이라는 형식이었다. 덕분에 일본 기업들에 좋은 사업 기회를 주고, 또 해당 기업들이 피해국에 진출하는 계기가 됐다. 말이 배상이지, 사실상 밑질 게 없는 장사를 한 셈이었다. '사죄'와 '반성'을 말하기에는 너무 민망했는지, 일본 내에서도 '배상 비즈니스'라는 말이 나왔다. 독일과 비교되는 편의적인 방식의 정책으로는 막대한 고통과 손실을 경험한 아시아 피해자들과의 화해와 신뢰를 끌어내는 데 실패할 수밖에 없었다.[27]

나는 일본에 머무는 동안 일본 '종전 기념일'에 아시아 주변 피해국의 고통을 진지하게 조명하는 기획을 그다지 보지 못했다. '피해자 일본'의 아픔을 되씹는 프로그램만 넘쳐났다. '가해자 일본'은 잘 보이지 않았다. 일본의 피해자 의식은 짙어지고 있고 갈수록 더 심해질 것 같다. 젊은 세대는 이미 '사죄 피로감'에 가득 차 있다. 가장 큰 문제는 일본 정부의 태도다. 시종일관 인권이 아니라, 정치·외교적 관점에서 과거사 문제에 접근하고 있기 때문이다. 진정한 사죄와 보상의 길은 너무 멀고, 쉽게 열리지 않을 듯하다.

Part 3

일본 정치는
왜 정체되고 있을까

심은경은 어떻게
일본 아카데미상을 수상했나

2020년 배우 심은경이 일본 영화 〈신문기자〉(2019)로 한국 배우 최초의 일본 아카데미상 최우수 여우주연상을 받았다. 그에게 상을 안겨준 〈신문기자〉는 아베 전 총리의 학원 스캔들을 폭로한 주니치신문 사회부 모치즈키 이소코望月衣塑子 기자의 실화를 바탕으로 만들어졌다. 고발 영화, 이른바 '사회파 영화' 제작이 뜸한 일본에서, 그것도 현직 총리의 비리를 '까발리는' 영화라는 점에서 개봉 전부터 관심을 받았다. 영화는 우려한 대로 일본 우익의 심한 협박을 받았고, 적은 영화관에서 상영될 수밖에 없었다. 그해 전체 흥행 순위에서도 60위권 밖으로 밀렸다.

그런데 어떻게 일본 배우가 아닌 심은경이 주연을 맡았을까? 더욱이 심은경은 제의를 받을 당시 일본어를 거의 못 했다고 한다. 6개월의 피나는 노력 끝에 어느 정도 수준까지 끌어올렸지만 아무래도 한계가 있어서, 한국인 어머니를 두고 미국에서 성장한 기자로 이력을 수정했다고 한다. 이유는 간단했다. 일본인 배우들이 다 출연을 고사했기 때문에 심은경에게까지 배역이 간 것이다. 혹시라도 당시 아베 총리의 심기를 건드려 불이익을 받지 않을까 걱정한 나머지 기획사들이 '알아서 긴' 셈이다. 영화의 감독조차 처음에는 감독 제안을 거절했다고 한다. 얼마나 부담스러우면 영화 출연까지 피할까?

아베 전 총리는 영화에서 다룬 학원 스캔들 이외에도 여러 추문에 휩싸였다. 그냥 가벼운 스캔들이 아니라, 일본 지식인들이 "한국 같으면 벌써 탄핵감"이라고 말할 정도로 상당히 심각한 것들이었다. 그중에는 '벚꽃 모임 스캔들'처럼 검찰이 퇴임 직후 바로 수사에 들어간 것도 있을 정도다. 스캔들이 한창일 때는 지지율이 크게 떨어지기도 했다. 그런데도 아베 전 총리는 꼬리 자르기와 모르쇠, 버티기로 일관하다가 결국에는 몇 차례 위기를 넘겼다.

앵커가 총리에게 불편한 질문 했다가 퇴출?

지난 2020년 10월 말 일본 공영방송 NHK의 저녁 9시 간판 뉴스 프로그램인 〈뉴스 워치 9ニュースウォッチ9〉에 스가 요시히데菅 義偉 총리가 생방송으로 출연했다. 당시는 스가 총리가 정권에 비 판적인 일본학술회의 추천 후보자 6명의 임명을 거부한 일로 정 국이 시끄러울 때였다. 일본에서 학술회의가 추천한 후보자를 임 명하지 않는 일은 총리가 제청한 대신(장관)의 임명을 일왕이 거 부하는 것과 같이 전례 없는 일이어서 학문의 자유 침해 논란이 거셌다. 아리마 요시오有馬嘉男 앵커는 이 문제를 물고 늘어졌다. 스가 총리는 적당히 돌려 말했지만, 상당히 화가 난 모양이었다.

다음 날 우리로 따지면 청와대 홍보수석쯤 되는 야마다 마키 코山田真貴子 내각 홍보관이 NHK 보도국 정치부장에게 항의 전 화를 걸었다. 사실상의 협박에 가까운 압력을 가했다. 이미 전날 NHK 내부에선 아리마 앵커가 불이익을 받는 것 아니냐는 걱정 의 목소리가 높았다. 지난 2016년 NHK 탐사보도 프로그램 〈클 로즈업 현대クローズアップ現代〉에서 스가 당시 관방장관에게 곤혹스 러운 질문을 퍼부었던 구니야 히로코国谷裕子 앵커가 하차됐던 전 례도 있기 때문이었다. 그때도 관저에서 항의 전화를 걸었다. 구 니야 앵커는 23년간 프로그램을 맡았던 인기 앵커였다. 아리마 앵커를 향한 우려도 결국 현실이 됐다. 그는 2021년 4월 개편과 함께 자리에서 물러났다.

공영방송인 NHK뿐만이 아니었다. 2016년에는 아베 정권에 비판적인 보도가 많았던 민영방송 TV아사히 〈보도스테이션報道ステーション〉의 후루타치 이치로古舘伊知郎 앵커가 강판됐다. 〈보도스테이션〉 역시 TV아사히의 간판 보도 프로그램이었고, 후루타치 앵커는 간판 스타였다. 총리 관저에서 경영진에 압력을 가했다는 보도가 잇달았다. 다른 민영방송 TBS의 메인 뉴스 〈뉴스23ニュース23〉의 앵커 기시이 시게타다岸井成格도 정부를 비판했다는 이유로 같은 해 방송에서 하차됐다. 방송사들은 적당한 이유를 둘러댔지만, 정권에 쓴소리한 앵커는 공영·민영 할 것 없이 줄줄이 보복의 표적이 된 셈이다.

깜짝 놀랐다. 아니, 같은 언론인으로서 분노했다. 어떻게 이런 일이 벌어질 수 있는지 어이가 없었다. 우리도 과거 권위주의 정권 때는 비슷한 일이 있었지만, 지금 이렇게 압박을 가했다가는 큰일이 난다. 하지만 일본 정부는 여기저기 기사가 날 만큼 노골적으로 압력을 행사했다.

장기간 절대 권력을 휘두르던 아베 전 총리의 후임으로 스가 전 관방장관이 총리에 올랐다. 그런데 그 과정에 대해 일본 언론이 '밀실 짬짜미'라며 부정적으로 보도했다. 국민 여론과 너무 동떨어진 낮은 지지율로 총리가 됐기 때문이다. 2020년 6월 여론조사에서 스가 당시 관방장관은 국민의 3%로부터만 지지를

한국 배우 심은경에게 2020년 일본 아카데미상 최우수 여우주연상을 안긴 영화 〈신문기자〉
는 아베 전 총리의 학원 스캔들을 폭로한 주니치신문 사회부 모치즈키 이소코 기자의 실화를
바탕으로 만들어졌다. 영화는 일본 우익의 심한 협박을 받았고 적은 상영관에서 상영될 수밖
에 없었다.

사진 출처 ⓒ 2019 〈新聞記者〉 フィルムパートナーズ

받았다. 8월에는 11% 지지로 올라섰지만, 5명의 총리 후보 중 여전히 4위였다.

물론 일본은 오랫동안 자민당 일당 독주 체제였고, 국민 여론보다 자민당 내 주요 파벌의 역학 관계로 자민당 총재, 즉 실제로는 총리를 선출한다. 그런데도 이번 총리 선출에 대해 일본 언론이 비판적이었던 점은 당내 민주주의 존중이라는 최소한의 관행에서조차 일탈했기 때문이었다. 전임 총리가 임기 중 물러나면 그동안 국회의원과 당원의 투표를 각각 50%씩 반영하는 정식 투표로 뽑았는데, 이번에는 국회의원과 지역대표만 참가하는 약식으로 선출했다. 표면적인 이유는 "정식 투표로 두 달 동안 못 뽑으면 아베 총리에게 부담이 된다."는 것이었다. 총리에 대한 일종의 배려인 셈인데, 국가의 수장을 제대로 뽑는 것보다 중요한 일인지 이해하기 어려운 이유였다. 일본 언론은 사실 대중적 지지도가 떨어지는 스가 신임 총리가 혹시나 투표에서 떨어지는 결과가 나올까 봐 두려워서라고 분석했다. 《도쿄신문東京新聞》은 "국민이 보이고 있는 건지 의문이 생긴다."라고 꼬집었다.

아시아에서 가장 먼저 '민주체제'를 도입했지만…

일본은 아시아에서 최초로 민주주의 체제를 도입했고, 오랫동안 아시아 최고의 민주주의 국가를 자부해온 나라다. 그런데 앞선 두 사례처럼 안쪽을 들여다보면 고개를 갸우뚱하게 만드는 일이 종종 벌어지곤 한다. '탄핵급' 스캔들에도 총리가 계속 권력을 유지하고, 정권의 마음에 안 든다고 인기 앵커를 교체하도록 압박하고, 여론과는 무관하게 총리가 선출되고…….

특히 우리가 위화감을 느끼는 이유는 일본 정치에서 민주주의의 기본 중 기본인 "국민이 나라의 주인"이라는 명제가 그다지 중요하게 여겨지지 않는 것 같기 때문이다. 국민이 무시당하고 있다는 느낌마저 든다. 근본적인 이유는 일본의 민주주의가 국민의 힘으로 일궈낸 게 아니라, '위로부터', '밖으로부터' 주어졌다는 점일 것이다.

유명한 일본 문학 연구가인 도널드 킨Donald Keene 교수가 쓴 《메이지라는 시대Meiji and His World》(2017)라는 책이 있다. 한일병탄의 원흉 메이지 일왕을 긍정적으로 묘사하고 당시 조선을 적지 않게 왜곡했지만, 일본 근대화 과정의 이면을 다른 시각에서 볼 수 있는 책이다. 개인적으로 인상적이었던 내용은 메이지 일왕과 당시 정권 실세였던 이토 히로부미伊藤博文가 첫 의회(제국의회)를 어떻게 생각하고 있었는지를 묘사한 대목이었다. 책에는 의회가 자신들의 마음대로 움직이지 않자, 일왕과 이토가 괜히 의회를 만든 것 같다며 후회하는 장면이 곳곳에 나온다.

당시 기준으로 이는 당연했다. 메이지 헌법이 규정한 일본의 입헌군주제는 사실상 전제군주제에 가까웠다. 의회는 민의를 대표하는 입법기관이 아니라 '건의 기관' 또는 '협찬 기관'에 불과했다. 서둘러 의회를 개설하고 헌법을 만든 가장 큰 목적은 서구에 일본이 근대국가임을 보여주고 서구와 맺은 불평등조약을 개정한다는 것이었다. 형식적인 기구였을 뿐 민의의 반영 같은 인식은 희박했다. 겉으로는 서구의 근대 정치체제를 갖췄지만 서구와 같은 시민혁명 과정이 없었기에 정치의식은 전근대에 머무를 수밖에 없었다. 조선이나 중국은 더했지만 말이다.

이후 1910년대에서 1920년대에 '다이쇼 데모크라시大正デモク ラシー'라는 민주주의 개혁 바람이 잠시 불었지만, 경제공황의 발생과 잇따른 군인의 쿠데타와 전쟁으로 '민주주의의 암흑기'인 전체주의 시대로 들어갔다. 분명히 일본은 아시아에서 제일 앞서 민주주의 체제를 도입했지만, 국민의 민주주의 의식이 성숙해질 시간이나 계기가 없었다. 오히려 전시체제에서 민주주의는 오랫동안 위협받고 위축돼 소멸 직전이었다.

패전 후 '선물'처럼 주어진 '민주주의'

본격적인 일본 민주주의의 역사는 1945년 태평양전쟁에서 패한 이후 연합국 최고사령부가 주도한 민주화 제도개혁에서 시작됐다. 당시 아시아 국가 대부분도 급작스럽게 민주주의 제도를 도입했지만, 일본은 미국의 강력한 '후견' 덕분에 다른 나라보다 민주주의를 제도적으로 정착시킬 수 있는 유리한 위치에 있었다. 실제 일본은 1990년대 탈脫냉전 시대가 열리기 전까지는 아시아에서 상대적으로 앞선 민주주의 국가로 인정받았다. 그러나 문제는 딱 거기에 멈췄다는 점이다.

무엇보다 일본 정치가 정체되고 있는 이유는 자민당 일당 지배 체제가 너무 오래가고 있어서다. 1955년 결성된 뒤 집권 정당의 지위를 잃었던 적은 1993년 호소카와 연립정권, 2009년에 총선 참패로 민주당 정권으로 바뀌었을 때밖에 없다. 진정한 의미에서의 정권 교체는 이때가 처음이었다. 그전까지는 이른바 '1.5당 체제'로 불리는 독특한 형태였다. 당시 제1야당인 사회당이 권력을 대체할 능력도, 의지도 없는 '반쪽짜리 정당'이라는 뜻에서 붙은 자조 섞인 명명이었다. 자민당 일당 독주 체제는 안정된 정치 구도 속에서 정책을 장기적으로 시행할 수 있는 장점이 있었지만 여러 폐해를 낳았다.

그래서 국민은 민주당 정권 교체에 큰 기대를 걸었다. 당시 도쿄 특파원으로 있던 나는 일본 국민의 '새 정치'에 대한 열망을 피부로 느낄 수 있었다. 하지만 잦은 정책 실패로 큰 기대는 큰 실망으로 바뀌었다. 특히 동일본대지진을 비롯한 위기에서 우왕좌왕하면서 미숙함을 드러내, '아무것도 못 하는 정당'이라는 비웃음을 사며 몰락했다. 전문가들은 아베 전 총리가 8년 넘게 장기 집권에 성공했던 이유 중 하나로 지리멸렬·사분오열하는 야당의 존재를 든다. 국민은 아베 전 총리의 대형 스캔들과 독선에 실망하면서도, 대안의 부재로 그냥 단념해버렸다는 것이다.

자민당 일당 지배 체제가 가져온 대표적인 폐해는 파벌·흑막 정치다. 파벌은 이권을 중심으로 대립하는 권력투쟁을 부르고, 원활한 의사소통을 막으며, 보스 중심의 권위주의를 조장해왔다. 특히 국민 여론보다 자기가 속한 파벌의 이해관계를 더욱 중시한다는 점에서 민주주의 원리와는 배치된다. "경제는 일류, 정치는 삼류"라며 일본의 정치가 비판받는 가장 큰 이유다. 일본 정치권도 파벌 정치의 폐해를 심각하게 인식하고 있었던 탓에 정치개혁의 첫 번째 과제로 삼을 수밖에 없었다. 그리고 1990년대 후반 선거구 개편 등을 통해 전형적인 파벌 정치는 쇠퇴했다. 하지만 스가 총리가 낮은 지지에도 불구하고 파벌의 합종연횡으로 결국 총리 자리에 오른 사례에서 보듯이, 일본 정치에서 파벌의 영향력은 여전하다.

일본 정치 풍토 중에서 가장 구시대적이라는 인상을 주는 부분은 높은 세습의원의 비율이다. '정치 금수저'가 유산을 상속하듯 지역구를 물려받는 관행은 너무 이질적이다. 물론 동서양 어디에나 세습의원은 있지만, 일본은 정도가 아주 심하다. 우

일본이 선진국이라는 착각

리가 5%, 미국이 6% 정도인 데 비해 일본은 우리의 5배가 넘는 26%(중의원 기준)가 세습의원이다. 집권 자민당은 무려 40%가 세습의원이다. 아들은 물론 손녀나 며느리가 대를 이어 국회의원이 되는 경우도 적지 않다. 고위직으로 갈수록 이런 경향은 심해진다. 1990년 이후 현재까지 일본 총리를 지낸 11명 중 8명이 세습 정치인이다.

일본에 세습 정치인이 많은 이유는 선거 구조가 그들에게 아주 유리하기 때문이다. 일본에서는 정치가가 되려면 이른바 '3반ばん'을 갖춰야 한다는 말이 오래전부터 회자했다. '3반'은 연고를 뜻하는 '지반地盤: じばん', 지명도를 뜻하는 '간반看板: かんばん', 정치자금을 뜻하는 '가반鞄: かばん'이다. 세습 정치인은 아무리 신인이라 하더라도 선대가 평생을 갈고닦아온 지역구와 후원회 조직, 브랜드, 넉넉한 정치자금을 그대로 물려받아 선거전을 치르므로 당선 확률 또한 높아진다. 확실히 권력을 '패키지'로 대물림하는 셈이다.

세습 정치인은 비교적 손쉽게 권력을 이어받기 때문에 공정성의 가치를 훼손하고 사회통합을 해친다고 비판받는다. 그래서 한국을 비롯한 많은 나라에서는 부정적으로 여겨진다. 하지만 일본 내 분위기는 사뭇 다르다. 대체로 찬반 의견이 거의 반반으로 나뉜다. 과거 봉건시대 신분제도의 잔재가 강한 탓일까? 유권자들이 세습에 관대한 것이다. 그중에는 장인匠人정신을 들먹이며 대를 잇는 정치가 장점이 많다고 옹호하는 사람도 적지 않다. 그러나 아무리 좋게 봐도 세습의 만연은 득보다 실이 많다. 유능한 인재라도 진입장벽을 뚫기가 쉽지 않아서 정치가 '그들만의 리그'로 전락하기 쉽기 때문이다. 실제 많은 일본 학자는 과도한 세습이 일본의 정치를 폐쇄적으로 만들고 역동성을 떨어뜨리는 주범이라고 지적한다.

총리는 '선출되지 않은 절대권력'

이처럼 오랫동안 일본의 정치발전을 붙잡은 '자민당 일당 지배+파벌 정치+세습 정치'라는 구조에 최근에는 새로운 현상도 나타나고 있다. 바로 '총리로의 권한 집중'이다. 일본 정치형태는 국회의 다수당 대표가 총리가 되는 의원내각제로, 우리와 달리 국민이 직접 선출하지 않는다. 총리는 집권당의 일인자이긴 하지만, 국민이 직접 뽑은 일인자는 아니다. 따라서 의원내각제에서 총리는 대통령과 비교해 권한이 약하다는 게 통설이다. 실제 일본 총리는 권한이나 위상이 떨어진다는 이미지가 많았다. 2006년부터 2012년 아베 전 총리 집권 전까지 재임 기간은 평균 1년 남짓이었다. 내가 도쿄 특파원으로 있었던 2010~2013년 사이에도 총리가 세 번 바뀌었다. 너무 잦은 교체가 국제사회에서도 비웃음의 대상이 될 정도였고, 총리의 정치력과 위상 하락으로 이어졌다.

그런데 아베 전 총리는 8년 가까이 장기 집권했다. 그것도 스스로 "행정부의 장이면서 입법부의 장"이라고 불렀을 만큼 '절대권력'을 휘둘렀다. 정치적 노련함으로 견제 세력을 무력화하고, 고비 때마다 정치적 승부수로 위기를 벗어난 덕분이기도 하지만, 제도적으로 1990년대 이후 일본 총리의 권한이 커진 점이 크게 작용했다. 미국 대통령의 권한과 단순 비교해봐도 결코 뒤지지 않는다. 일본 총리가 가진 중의원 해산권과 당 총재로서의 정당 장악이 가능한 공천권, 인사권, 정치자금 활용 권한 이외에도 내각(정부) 법률 제출권, 예산 편성권 등은 미국 대통령에게 없거나, 있더라도 권한 행사가 제한적인 것이다. 전임 총리들이 무능했던 것이지 사실 권한은 넘쳤다.

그러나 견제 없는 권력은 오만과 독선에 빠지기 쉽고 부패하기 마련이다. 아베 전 총리가 잇따른 스캔들에 미동도 하지 않고 모르쇠 또는 '내로남불'로 일관했던 것은 장기 집권에 따른 독선과 오만이 권력 내부에 스며들었다는 방증으로 풀이됐다. 대한對韓 수출 규제와 코로나19에 대한 대응 실패도 독선 때문이라는 평이다. 또 아베 전 총리 집권 말기에 잇달아 사학 스캔들이 터진 이유도 정치와 행정의 균형이 깨졌기 때문이라는 분석이 많다.

언론의 정권 견제 능력도 떨어진 것으로 나타났다. 국제 언론

감시단체 '국경 없는 기자회RSF'가 발표한 '2020 언론자유도'에서 일본은 66위였다. 2011년 같은 발표에서는 11위였다. 9년 가까운 아베 전 총리의 장기 집권 기간에 계속 뒷걸음질 친 셈이다. 언론의 큰 기능인 정보 전달과 견제·비판 중 후자가 거의 작동하지 않고 있음을 보여준다. 같은 조사에서 한국은 42위였다. 아시아 국가 가운데 제일 앞자리를 차지했지만 여전히 자랑스럽지는 않은 수준이다.

일본 정치부 기자들이 자국 정치인들을 비판할 때 종종 쓰는 표현이 '위로부터의 시선上から目線'이다. 아직도 정치를 베푸는 걸로, 국민을 그저 '통치의 대상'으로 여긴다는 것이다. 국민의 수준을 가리키는 '민도民度'나 '분수에 맞게'라는 표현이 나오는 것도 같은 맥락이다. 심지어 사적인 자리에서는 '백성'이란 단어를 쓰는 정치인이 아직까지 있다니 말 다했다.

정치인이 쓰는 단어가 여실히 보여주듯이 일본의 민주주의는 더는 성숙해지지 못하고 정체를 거듭하고 있다. 최근에 오히려 역행하고 있다는 인상도 준다. 분명히 제도는 민주주의인데, 실제 제도를 운용하는 모습은 여전히 먼 과거를 떠올리게 한다. 스스로 온갖 시행착오를 겪으며 깨달은 것이 아니라, '위에서', '밖에서' 떠먹여 준 민주주의여서 그런 것일까.

일본이 선진국이라는 착각

Chapter

10

왜 관료는 '발전의 견인차'에서
'개혁의 걸림돌'로 전락했을까

2017년 '모리토모森友 학원 스캔들'이 터졌다. 아베 전 총리가 자신의 측근이 운영하는 모리토모 학원에 국유지를 헐값에 넘긴 정치 비리 사건이었다. 나중에 고위 공무원들이 공문서를 직접 조작한 사실까지 드러나면서 아베 내각에 최대 위기를 불러온 대형 부정부패 스캔들이었다.

이 사건과 관련해 '손타쿠忖度: そんたく'란 단어가 크게 유행했다. '손타쿠'는 구체적인 지시가 없어도 윗사람이 원하는 대로 알아서 행동하는 것을 뜻하는 말이다. 원래 좋은 의미로도 사용

됐지만, 아베 전 총리에게 '알아서 기는' 관료들의 행태를 비꼬는 부정적인 뜻으로 통용되었다. 그만큼 소신 없이 총리의 의중에 맞추려는 관료들의 충성심 경쟁이 국민에게는 눈꼴사나워 보였던 셈이다.

그런데 일본 관료사회에 관해 알고 있는 사람은 이런 '손타쿠' 현상이 낯설게 느껴질 것이다. 왜냐하면 그동안 일본 관료는 정치권과 독립적이고 대등한 관계를 유지하고 있다는 이미지가 강했기 때문이다. 장관 자리는 정치인의 몫이었지만, 차관은 부처 출신 관료가 맡아 나름의 균형을 유지했다. 이처럼 조롱받을 정도로 권력자의 눈치를 보는 일은 과거에는 상상할 수 없는 일이었다.

일본 언론은 '손타쿠 문화'가 본격적으로 널리 퍼진 때를 아베 전 총리가 2014년에 내각인사국을 설치한 이후로 보고 있다. 이전에는 각 부처의 판단에, 즉 관료 출신의 차관에게 인사를 맡겼는데, 설치 이후부터 심의관급 이상 600명의 고위 관료에 대한 승진과 배치 등을 총리나 관방장관 등이 협의해 인사국에서 결정했다. 총리 관저의 정책에 이의를 제기하면 좌천됐기 때문에, 관료들이 정권의 눈치를 보기 시작했다. 막강한 인사권으로 관료사회를 장악한 것이다.

이런 구도 속에 이른바 '관저 관료'까지 등장했다. '관저 관료'는 총리 관저의 비서관·보좌관과 같은 총리 측근을 일컫는 말로, 아베 정권의 각종 스캔들의 중심에는 이들이 있었다. 이들은 총리의 의중을 실현하는 행동부대로 발언권을 높여왔다. 일본 언론은 '관저 관료'의 등장을 정치와 관료의 균형이 무너지고, 부정적인 의미에서의 정치 종속을 상징하는 현상으로 받아들인다. 국민이 우선순위에 설 수 없기 때문이다.

사실 일본 사회는 그동안 '지나치게 힘이 센' 관료사회에 대한 비판이 많았다. 일본 하면 관료주의를 떠올리는 사람이 많을 정도로 정치인보다는 관료가 실질적인 결정권을 쥔 경우가 많았기 때문이다. 정치인 출신의 장관들은 "관료가 만들어준 답변만 읽는 얼굴마담"이라며 무시당하곤 했다. 정치가 관료에게 끌려갔고, 총리도 관료집단을 상대로 강력한 통솔력을 발휘하지 못했다. 비대해진 관료의 권력을 제어하자며 정치개혁 과제 중 '정치 주도'가 단골 메뉴로 들어갔다.

가장 적극적인 정권이 2009년 정권 교체에 성공했던 민주당이었다. 민주당은 정치 주도를 내걸고 '탈脫관료'를 외쳤다. 총리들은 관료와의 전쟁까지 선포하며 관료 인사제도개혁을 추진했다. 그러나 민주당 정권의 개혁은 오히려 관료사회의 반감을 샀고, 결국 관료들의 비협조는 각종 정책이 좌초하는 요인으로 작용했다. 특히 동일본대지진 때 극심했다. 아베 전 총리가 내각인사국을 발족시킨 것도 이런 민주당의 실패를 반면교사로 삼았다는 이야기가 나온다.

Part 3_ 일본 정치는 왜 정체되고 있을까

'일본의 실질적인 운영자'로 통했던 일본 관료

패전 후 일본의 급속한 경제성장은 1980년대까지 놀랄 만한 일로 받아들여졌다. 고도성장의 원동력에 관한 다양한 분석이 쏟아졌는데, 그중 커다란 흐름은 일본 관료가 '일본을 움직이는 실질적인 운영자'이며 '일본 발전의 견인차'라는 시각이었다. 한마디로 사명감이 있는 유능한 관료 덕분에 경제성장을 이룰 수 있었다는 것이다. 《통산성과 일본의 기적MITI and the Japanese Miracle》(1983)을 쓴 차머스 존슨Chalmers Johnson과 《일등국가 일본 Japan as No. 1》(1979)의 저자 에즈라 보걸Ezra Vogel이 대표적이다. 관료의 역할이 과장됐다는 등의 평가도 많았지만, 관료를 경제발전의 긍정적인 요소로 평가하는 데는 대체로 일치했다.[1]

그러나 다른 쪽에서는 일본 관료제가 끼친 부정적인 면에 주목하는 흐름도 이어졌다. 주로 관료들이 일본의 정치와 민주주의 발전에 해악을 끼쳤다는 비판이다. 무엇보다 그들은 '관존민비官尊民卑'의 권위주의적인 의식과 태도를 보여줬다. 그것은 '위로부터의 개혁'을 통해 창출된 근대 일본의 태생적인 한계에서 비롯된 것이었다. 특히 제2차 세계대전에서 패하기 전 자신들을 '혁신 관료'로 규정한 일부 관료는 기꺼이 군부와 결탁하는 모습마저 보여주었고, 군국주의 일본의 한 축을 담당했다. 일본의 관료들은 어떻게 강력한 권력 집단으로 자리 잡았고, 왜 이처럼 극단의 평가를 받는 것일까?

다른 분야와 마찬가지로 일본에서 근대적인 의미의 관료조직 역시 메이지유신 이후 틀을 잡기 시작했다. 메이지 정부는 당시 프로이센의 행정체계를 모델로 삼아서 기존의 중국식 봉건적·지방분권적 체제였던 조직을 중앙집권적인 강력한 조직으로 개편해나갔다. 초기에는 봉건적인 성격이 짙었던 관료제가 관리 채용시험의 실시와 더불어 본격적으로 정비됐다. 1877년 설립된 도쿄제국대학을 위시한 제국대학의 설립 이후 학벌이 신분제도를 대신하기 시작했고, 도쿄제국대학 법학부에서 고등문관 시험으로, 다시 고등 관료로 이어지는 이른바 출세 경로가 형성됐다. 응집력과 결속력을 갖춘 관료가 본격 등장한 것이다. 이후 일본 관료조직은 '가장 근대적이고 잘 짜인 조직'으로 일본의 근대화를 이끌어나갔다.

이처럼 뛰어난 능력을 발휘하던 일본 관료들도 '천황의 관리'라는 봉건적 관리 의식 속에 오랫동안 갇혀 있었다. 패전 전까지 일본 관료 대부분이 가졌던 "천황을 대신해 백성을 다스린다."는 생각은 근대적인 사고방식과 거리가 멀었다. 폐쇄적이고 거대한 권력 집단인 일본 관료조직은 전시 일본을 운영하다, 제2차 세계대전에서 패하자 미국식으로 재편성되며 태생적 한계를 극복할 절호의 기회를 얻었다.

패전 이후 일본에 들어선 미군정은 여러 가지 민주화 개혁 정책을 펼쳤다. 관료조직에도 미국 주도로 미국식 행정제도가 도입됐다. 국민주권의 원리, 삼권분립의 원칙, 국회의 최고성과 의원내각제도, 지방자치의 존중 등과 같은 민주주의 기본 이념도 도입됐다. 그러나 민주화 정책이 냉전으로 인한 '역코스'로 주춤하면서 관료사회의 개혁 추진에도 급제동이 걸렸다. 관료조직은 제2차 세계대전 전과 여전히 큰 틀에서 유사한 점이 많은 채로 남았다. 어쨌든 패전 후 새 출발을 한 일본 사회에서 관료들은 급속한 경제성장을 이끌거나 일정 부분을 담당하며 '권력 집단'으로 커다란 세력을 유지했다.

관료는 재량 남용과 행정지도로 군림한다

일본에도 법률은 있다. 그러나 그 법률을 해석하는 것은 해당 관료다. 행정지도는 관료들에게 자신들이 좋을 대로 사용할 수 있도록 권력을 부여한다.

— 카럴 판 볼페런, 《일본 권력구조의 수수께끼》 중에서[2]

관료가 오랫동안 힘을 유지할 수 있었던 대표적인 비결은 '행정지도'라는 관행이었다. 이 행정지도가 관료에게 지나친 권력을 부여하면서 낙하산 인사, 부정부패, 정경유착의 온상이 됐다. 일본에서는 법에 따른 행정을 실현하기 위한 행정법 체계가 어엿하게 존재하지만, 각 행정기관의 권한은 법으로 명확하게 정해지지 않은 채로 남아 있다. 인허가 행정, 산업 행정, 심지어 교과서 검정 등이 그렇다. 관료는 '권고', '조언', '의견', '요망' 등의 형태를 취하면서 사실상 제멋대로 행정지도를 했다. 법 해석의 모호함을 이용해 재량권을 남용한 셈이다.

관료가 사실상 법률을 만들었기 때문에 이런 구조가 가능했다. 관료가 입안한 '정부 법안'은 전체의 80%로, 그들은 법을 만드는 당사자였다. 큰 틀만 있을 뿐 모호해서 다양하게 해석할 수 있는 조항을 만들어 자신들의 재량이 끼어들 여지를 남겨뒀다. 관료들은 재량권을 남용함으로써 스스로 법이 된 것이다. 관료가 법률을 불완전하게 만들고 그 틈을 이용해 자의적인 행정지도를 함으로써 행정 우위의 권력을 키우는 상황이 계속됐다.[3]

또 관료들은 '아마쿠다리天下り', 즉 낙하산 인사로 관청에서 퇴직 후 민간회사의 간부로 들어가는 관행도 만들었다. 낙하산 인사는 관료와 기업 간의 정보교환과 네트워크 구축이라는 면에서 긍정적인 측면도 없지 않았지만, 훗날을 대비한 봐주기식의 행정과 인맥 형성이라는 부정적인 측면이 컸다.

'토건국가' 일본과 '이권의 삼각 고리'

일본 여행을 다녀온 사람들이 공통으로 하는 질문이 있다. 일본의 교통요금은 왜 그렇게 비싸냐는 것이다. 가장 큰 이유는 건설비가 많이 들어서다. 일본의 도로 건설비용은 독일의 4배, 미국의 9배나 된다. 일본이 산악지형이어서 그럴까? 아니다. 그보다는 지나친 공공토목사업이 누적된 결과라고 해석하는 전문가가 많다.

실제 1990년대까지 일본 경제에서 차지하는 토건 비중은 지나치게 높았다. 1960년대에는 7만 5,000개 업체가 250만 명을 고용하던 토건업이 1990년대 초에 이르러서는 약 50만 개의 업체가 600만 명 이상을 고용할 정도로 비대해졌다. 절정에 달했던 1993년에는 국가 예산의 43%가 건설업에 투자됐다. 여기에 민간 주택건설과 토목공사를 더한 건설 부문의 총지출은 미국의 1.6배가 넘었다. 상대적인 토지면적을 고려한다면 일본의 건설 부문 지출은 미국의 32배나 된 셈이다.[4]

일본에서 토건 사업이 유독 많은 이유는 일본의 독특한 정치형태 때문이다. 일본은 1993년에 중선거구제를 소선거구제로 개편하기 전까지 자민당이 장기 집권하는 상황에서, 많은 선거구에서 자민당 출신 후보들이 서로 경쟁했다. 그 결과 정책 차이보다 로비 능력, 즉 지역구 이익을 누가 잘 챙기느냐가 선거의 당락에 결정적으로 작용했다. 지역구 이익은 대부분 공공사업이었던 만큼, 정치인들은 관련 예산을 따오려 경쟁했고, 그 결과 너무 많은 공사가 이뤄진 것이다.

이 과정에서 건설과 농림 등 특정 업계의 이익을 대변하는 이른바 '족族의원'이 등장했다. '족의원'은 업계와 관료를 이어주는 로비스트 역할을 했고, 관료들은 이들 '족의원'의 부정부패와 금권정치를 은근히 방조하거나 일익을 담당했다. 자민당 일당 지배체제에서 정치인과 관리, 기업끼리 나눠 먹는 거대한 부패구조인 '철의 트라이앵글iron triangle'이 형성된 것이었다. 그들은 서로 필요로 하는 부분을 충족시켜주며 그 대가로 서로의 이익을 추구하는 견고한 카르텔을 형성했다. 이는 비효율 구조로 이어졌고, 부담은 고스란히 국민에게 떠넘겨졌다. 일본이 '토건土建국가'로 불리는 이유다.

토건국가를 이야기하려면 토건국가 수립에 결정적인 역할을 한 다나카 가쿠에이田中角榮 전 총리를 언급할 수밖에 없다. '일본 열도를 공사판으로 만들었다'는 수식어가 달리는 다나카는 도로 건설 같은 공공사업과 국토개발의 기폭제가 된 '도로 정비 특별 조치법'을 입법했다. 이 법은 유류세를 도입하여 그 세수를 도로 정비에 쓰는 것으로, 이른바 목적세 방식이다. 이 법의 제정으로 '도로 정치'로 불리는, 도로 정비를 중심으로 한 국토개발 시스템이 탄생했다.

또 하나, 다나카 전 총리가 관여했던 것은 공단 방식에 의한 자금 조달 방법이었다. 우리보다 훨씬 자본 규모가 큰 우체국 저금이나 연금 등을 재정투자와 융자자금으로 활용해 공공사업을 하는 방식이다. 잘 활용됐다면 중앙 재원으로 지방의 이익을 도모하는 좋은 정책이 됐겠지만, 쓸모없는 도로를 전국에 만드는 폐단의 발단이 됐다. 본래 있어야 할 공공사업을 효율 높게 실시하기 위한 시스템으로 만들어졌지만, 각종 낭비와 비효율의 부작용이 속출했다.[5] 우리 '쪽지예산' 관행의 원조다.

토건국가의 부정적 유산은 교통비뿐만 아니라 현재 일본 정부의 천문학적 부채에도 남아 있다. GDP의 200%가 넘는 정부 부채는 대부분 1973년 이후 다나카 전 총리의 '일본열도 개조론'으로 발전한 경기회복용 공공사업과 이에 이은 여러 대규모 프로젝트를 추진하는 과정에서 누적된 것으로 진단하는 전문가가 많다. 거액의 부채 때문에 일본 정부는 복지정책에 적극적으로 예산을 배당하지 못했다. 예산의 상당수가 이자를 갚는 데 들어가고 있고 해마다 늘어나기 때문이다. 사실상의 파탄 구조가 만들어졌다.

1990년대 토건국가의 민낯이 드러나면서 '정계·관계·재계 트라이앵글'은 집중포화를 맞았다. 그래서 이후에는 과거처럼 노골적인 토건국가의 행태는 보이지 않는다. 하지만 그들만의 카르텔이 사라졌다고 믿는 일본인은 드물다.

일본 관료제는 '자기혁신' 할 수 있을까

1984년 출간 이래 일본에서 100쇄가 넘게 팔린 《실패의 본질
失敗の本質》이라는 베스트셀러가 있다. 일본군이 전쟁에서 패배한
이유를 조직학의 관점에서 조목조목 분석한 책이다. 일본 보수
인사들이 극찬해서 유명해진 측면이 있을 정도로 우리에게는 읽
기 불편한 부분이 있지만, 참고할 부분이 적지 않다. 저자들은 특
히 일본군의 관료주의를 신랄하게 비판했다. '관료제와 집단주
의가 기묘하게 혼합된 조직'인 일본군이 과거의 전략 원형에는
놀라울 정도로 잘 적응했지만, 환경이 구조적으로 바뀌었을 때
전략과 조직을 스스로 바꾸기 위한 '자기부정의 학습'을 하지 못
했다는 것이다.

저자들은 패전 후에도 전쟁 때의 잘못된 관행이 일본 사회,
특히 관료사회에서 계속되고 있다고 지적했다. 일본이 모델로
삼았던 유럽의 관료제는 매우 불확실한 환경 속에서도 기능하는
역동성이 있었는데, 일본에서는 집단주의와 결합하면서 탄력을
잃었다고 분석했다. 특히 현장의 자유재량과 세부조정을 허용하
는 장점을 오히려 계층 구조를 이용해 압살해버렸다고 설명했
다. 그래서 자기혁신 능력을 잃고 말았다는 것이다.[6]

타당한 지적이다. 일본 관료의 독선과 폐쇄성, 경직된 조직문
화가 독이 되고 있다. 나는 여기에 더해 그들에게 '국민에 대한

봉사 의식'이 없다는 점을 근본 원인으로 꼽고 싶다. 그들에게 국민은 과거 봉건시대와 마찬가지로 여전히 통제와 질서유지의 대상이다. "관청이 하는 일은 옳은 것"이라는 권위주의에서 벗어나지 못하고 있다. 일본 관료제와 가장 유사하다는 우리 공직 사회는 얼마나 그 비판에서 벗어날 수 있을까.

일본이 선진국이라는 착각

11

같은 칸 영화제 대상인데
한일 반응이 다른 이유는

봉준호 감독의 영화 〈기생충〉은 2020년 작품상·감독상을 비롯한 아카데미상 4관왕이라는 워낙 화려한 업적을 이룬 탓에, 이에 앞서 2019년에 칸 영화제 황금종려상을 받았다는 사실이 가끔 잊히곤 한다. 세계 3대 국제영화제로 불리는 칸 영화제 대상은 아카데미상 못지않은, 아니, 많은 영화인이 더 높게 평가하는 권위 있는 상이다. 〈기생충〉의 칸 영화제 대상 수상은 '한국 100년사의 쾌거'로 불리며 각계의 찬사를 받았다.

〈기생충〉 바로 앞의 해인 2018년에도 아시아 영화가 대상의 영광을 안았다. 고레에다 히로카즈是枝裕和 감독의 영화 〈어느 가족万引き家族〉이다. 그런데 일본의 반응은 한국과 사뭇 달랐다. 국내에도 많이 보도됐지만, 먼저 아베 전 총리가 이례적으로 축하 인사를 보내지 않았다. 자국 스포츠 스타, 심지어 일본계 영국인 작가가 노벨문학상을 받았을 때도 유별나게 환호했던 그였는데도 말이다. 그리고 인터넷에서는 우익을 중심으로 고레에다 감독에 대한 비난이 넘쳐났다. 《마이니치신문》이 "표적이 되고 있다."고 보도할 정도였다. 심지어 반일反日이라는 꼬리표를 붙이고, 감독이 한국계이니 한국으로 돌아가라는 식의 중상모략도 많이 받았다.[7]

아베 전 총리와 우익의 반응이 냉담했던 가장 큰 이유는 영화의 내용이었다. 〈어느 가족〉이 일본 사회의 어두운 면, 복지가 무너진 '격차사회格差社会' 일본의 현실을 그렸기 때문이다. 아베 전 총리가 침묵한 이유도 〈어느 가족〉이 그의 정치적 슬로건인 '아름다운 나라' 일본이 아니라, 사회안전망이 무너진 일본 사회를 통렬히 고발하고 있어서다. 분노의 이유는 한마디로 "그런 가족은 일본에 없다!"이다. 〈어느 가족〉이 감독의 창작물이기는 하지만, '연금 사기'라는 실화를 모티브로 했는데도 말이다.

혹시 일본 우익을 중심으로 영화에 지나치게 예민한 이유는, 이 영화가 일본이 외면하고픈 현실을 지나치게 잘 '반영'해서가 아닐까?

고레에다 히로카즈 감독의 영화 〈어느 가족〉은 2019년 칸 영화제 황금종려상을 받았다. 하지만 당시 아베 총리는 축하 인사를 보내지 않았고 넷우익은 감독을 맹비난했다. '아름다운 나라' 일본이 아닌 '격차사회' 일본을 그렸다는 이유다.

'좋았던 그 시절'을 소환하는 쇼와 노스탤지어 현상

일본 특파원으로 있을 때 〈올웨이즈 3번가의 석양ALWAYS 三丁目の夕日〉이란 일본 영화를 인상 깊게 봤다. 만화《3번가의 석양三丁目の夕日》을 원작으로 2005년 1편이 제작된 뒤 2007년과 2012년 속편이 만들어졌다. 1958년에서 1964년까지의 도쿄 변두리 마을을 무대로, 주인공인 서민의 삶을 따뜻하게 그린 작품이다. 세 편 모두 어마어마한 흥행 성적을 거뒀고, 일본 아카데미상을 휩쓰는 등 작품성도 인정받았다. 영화를 보며 고도성장 시기 일본인의 생활과 정서가 어땠는지 간접적으로 느낄 수 있었다.

이 영화는 일본의 이른바 '쇼와 노스탤지어昭和ノスタルジー' 현상을 대표하는 작품으로 종종 거론된다. '쇼와'는 히로히토 일왕의 연호로, 쇼와 노스탤지어는 그의 재위 기간 중 고도성장 시기인 1950~1960년대를 그리워하는 일본인의 마음을 뜻한다. 하나의 사회현상으로 여겨질 만큼 '가장 좋았던 그 시절'에 대한 일본인의 그리움은 각별하다.

일본 학자들은 쇼와 노스탤지어 현상의 배경에는 일본의 현재에 대한 강한 불안과 불만이 자리 잡고 있다고 진단한다. 노스탤지어는 '나쁜 현재'라는 조건이 충족되어야 생겨나는 의식이기 때문이다. 〈올웨이즈 3번가의 석양〉에 묘사된 것처럼 "힘들었지만 끈끈한 사람 냄새와 웃음, 희망이 가득했던" 그때의 일본이 사라진 현실을 한탄하고 아쉬워한다는 것이다. 현재의 어둠이 짙은 만큼, 과거의 빛은 마치 '판타지'처럼 더욱 빛을 발하면서 강렬히 그리움을 자극하고 있는 셈이다.

그 어둠은 어느 정도일까. 일본은 1984년 이후 해마다 연말에 신조어·유행어 대상을 발표한다. 이 유행어 목록을 살펴보면 1990년대 거품 경제 붕괴 직후, 특히 2000년대 들어 우울한 유행어가 눈에 띄게 늘었다는 점을 발견할 수 있다. 2006년 격차사회, 2007년 넷 카페 난민ネットカフェ難民, 2010년 무연사회無縁社会, 2013년 블랙 기업, 2017년 간병 살인……. 신조어가 사회 분위기를 비추는 거울이라는 점을 고려하면, 이른바 '잃어버린 30년' 이전과는 확연히 대조를 이룬다.

굳이 여러 근거를 대려고 애쓰지 않아도 일본에 조금만 관심이 있는 사람이라면 일본의 부정적 변화를 오래전부터 피부로 느꼈을 것이다. 특히 일본의 '화려한 과거'를 떠올리면 더욱 그 대조가 선명하게 다가온다. 일본은 1980년대까지 빈부격차가 적어 모두 자신을 중산층이라고 여긴다는 의미에서 이른바 '1억 총 중류사회'로 불렸다. 또 자본주의 국가이면서 사회주의 국가의 이상인 '평등하며 부유한 사회'에 가장 가까운 나라로 여겨져, 한국을 포함한 주변 국가의 부러움을 샀다. 일본은 복지정책과 제도 면에서 우리가 따라야 할 모델로 여겨지기도 했다.

너무 열악해진 사회보장제도… 복지국가 맞아?

일본이 '과거의 일본'이 아니라는 사실은 사회안전망과 직결되는 사회보장제도가 상당히 부실해졌다는 점에서 잘 드러난다. 지금 일본의 사회보장제도는 "선진국에서는 그 예를 찾아볼 수 없을 정도로 열악하다."는 말을 듣고 있다. 통계를 보면 확실히 그 차이가 드러난다. 생활보호비가 GDP에서 차지하는 비율이 OECD 평균 3.5%인데 비해 일본은 0.5%로 7분의 1에 그친다.[8] 이를 단적으로 보여주는 예가 앞서 영화 〈어느 가족〉의 모티브인 일련의 충격적인 '연금사기' 사건일 것이다. 보험금을 타기 위해 사체를 집 안에 두는 엽기적인 일이 속출했다.

일본 복지 전문가들은 지난 20년 동안 일본의 빈곤이 크게 확대됐는데도 "빈곤층에 대한 국가적 대응이 없다."며 비판하고 있다. 일본 정부는 지난 40년 동안 공식적으로 빈곤 통계도 내지 않고 있다.[9] 잘 이해가 되지 않는다. 왜 이러는 걸까?

이유는 일본이 서구의 복지국가와는 달리 '가족 복지국가'를 지향하고 있기 때문이다. 서구의 복지국가는 북유럽 국가에서 보듯이 정부가 세금을 많이 걷는 대신 보장을 많이 해주는 '고高부담·고高복지' 체계다. 그러나 일본이 지향하는 '가족 복지국가'는 조세 대신 기업과 노동자가 보험료를 많이 부담하고, 간병과 간호도 가족이 책임지는 일종의 '저低부담·저低복지' 체계다.

일본이 선진국이라는 착각

실제 일본에서는 사회보험료의 77%를 가입자가 부담하고 있다. 그래서 제도 설계와 운영의 기본 방향이 스스로 돕는 '자조自助'와 가족끼리 서로 돕는 '부조扶助'다. 일본 정부는 1970년대에는 공식적으로 아예 서구와는 다른 '일본형 복지체계'의 정립을 천명하기도 했다.

이런 복지체계에서 정부는 소극적인 역할에 그친다. 제도 운용을 지원하며 필요할 때 재정을 지원하는 정도다. 따라서 사회보장비가 낮을 수밖에 없다. 사회적 낙오자인 최저 소득계층의 생계유지를 위한 생활보호제도 지원 대상 비율이 서구보다 훨씬 낮은지도 설명이 된다. 스스로 돕는 것이 원칙이다 보니 자격을 엄격히 제한해서다.

이쯤 되면 복지국가라는 개념 자체에 혼동이 온다. 국가가 나서지 않고 개인이나 가족끼리 알아서 해결하라는 식이면 굳이 복지국가라는 이름을 붙일 이유가 없으니까 말이다. 실제 일본이 전통적인 복지국가 개념과 다르다 보니 1990년대 초반까지 서구 연구자들은 '일본이 복지국가인가, 아닌가'라는 문제를 놓고 논쟁을 벌였다고 한다. 분명히 일본은 평등하고 부유한 '복지사회'였지만, 서구에서 말하는 것처럼 국가가 적극적으로 나서는 '복지국가'는 아니었기 때문이다.

일본식 복지국가 체계가 가능했던 것은 한마디로 높은 경제성장 덕분이었다. "가장 유력한 사회보장 강화 방안은 경제성장

률을 높이는 것"이라는 말처럼, 고도성장 시기에 기업이 고용을 책임지고(회사사회), 가족, 즉 전업주부인 여성이 복지를 책임졌기(가족복지) 때문에 가능했다. 일본 정부는 성장의 열매를 국민 전반에 고르게 분배하여 서구 국가 수준의 복지예산 지출 없이도 사회안전망을 강화·정비할 수 있었다.

왜 지금 일본의 복지국가 시스템이 제대로 작동하지 않는지도 해답이 나온다. 1990년대부터 장기불황에 빠지면서 일본식 복지국가 시스템의 기본 전제인 높은 경제성장이 충족되지 않았기 때문이다. 한계를 드러낸 이상, 일본식 복지국가 모델을 수정해야 했다. '복지국가'를 유지하는 주요한 방법은 서구처럼 복지재정을 늘리는 것이었다.

하지만 일본 정치권이 돌파구로 선택한 길은 신자유주의 노선의 전면 도입이었다. 일본 정부는 재정이 악화하자 각종 사회보장 축소로 대응해나갔다. 고도성장 시기에 늘어났던 복지 혜택이 짧은 기간에 없어졌다. 신자유주의 진영에서 보면 '대성공'이었다. 그들의 목표는 '전후 일본식 복지국가의 해체'였기 때문이다.

그러나 신자유주의의 성공은 많은 국민에게 악몽이 되었다. 복지 사각지대는 계속 늘어날 수밖에 없었고, 격차사회로 바뀌면서 각종 사회 문제가 첨예하게 불거지기 시작했다. 국가가 사실상 복지를 포기 또는 방치한 셈이다.

　　　　　　　　일본이 선진국이라는 착각

아시아에서 가장 앞섰던 '복지국가' 일본

복지의 큰 축인 의료복지가 무너진 궤적도 비슷하다. 일본은 아시아 국가 최초로 의료보험제도를 도입한 나라다. 당시 독일 건강보험 모델을 모방해 국가 차원에서 1922년 〈건강보험법〉을 제정하고 1927년 시행했다. 이름뿐이었다가 전시체제에서 본격적으로 실시됐고, 1944년에는 가입자 수가 4,100만 명을 기록하기도 했다. 하지만 전쟁 중에 국민이 실질적인 의료보험의 혜택을 누리지는 못했다.

패전 이후 일본의 보건의료 보장제도는 본격적인 발전궤도에 올랐다. 미국의 영향을 받고 있었지만 미국처럼 완전한 자유시장제도도 아니고, 영국처럼 완전히 국가가 보장해주는 시스템도 아닌 절충 형태로 자리 잡아갔다. 즉 적용 범위는 국가 주도였기 때문에 보편적이고 강제적이지만, 다른 한편으로 공적 의료가 아닌 민간 의료가 지배적이었다. 그리고 1961년에 "전 국민을 위한 건강보험 시대"를 연 이후, 고도성장과 함께 전성기를 맞았다. 1970년대 말까지 건강보험법이 54번 개정됐는데, 건강보험 적용대상 범위와 급여가 계속 확장됐다. 1970년대 서구로부터 "일본의 의료보장은 아주 우수하며, 일본인은 아주 좋은 건강을 누리고 있다."는 찬사를 받았다. 의료의 질을 보여주는 병상당 인구에서 1970년대 중반 일본은 미국과 영국을 앞섰다.

미국과 영국보다 좋은 실적을 보여준 일본 의료보험제도가 한국의 '벤치마킹' 대상이 되는 것은 자연스러운 일이었다. 적어도 1990년대 중반까지 일본은 한국 의료보험제도의 주 모델이었다. 1963년 〈의료보험법〉도, 1977년 처음 의료보험을 도입했을 때도 한국 정부는 일본 시스템을 참고했다. 미국처럼 민간에 다 맡기기는 부담스럽고, 그렇다고 영국처럼 국가가 다 떠맡기에는 재정적 여유가 없었던 한국 정부에 일본의 '절충 모델'은 안성맞춤이었던 셈이다.[10]

개인적으로 우리 의료보험제도에 깊이 감사했던 경험이 있다. 2005년 미국 서부로 가족여행을 갔다가 교통사고를 당했다. 불과 일주일 정도 병원에 머물렀는데, 나중에 수천만 원의 의료비가 청구돼 정말 깜짝 놀랐다. 그때 현지에 사는 한국인들이 미국 의료보험제도가 얼마나 '형편없는지' 실태를 이야기해줬다. 의료보험이 없으면 맹장 수술에도 몇천만 원 이상 나오는데도, 보통 사람들은 보험료가 워낙 비싸서 보험에 가입하지 않고 웬만하면 참고 산다고 했다. 골절상을 당해도 자가 치료가 흔하다고 했다.

재미교포들이 왜 한국에서 치료를 받으러 일시 귀국하는지, 영화 〈존큐John Q〉(2002)나 〈식코SiCKO〉(2007)처럼 미국 의료제도의 문제점을 비판하는 영화가 왜 종종 나오는지, 미국에서 의료보험 제도개혁이 왜 정치권의 뜨거운 감자인지 이해할 수 있었다. "한국의 아킬레스건은 교육, 미국의 아킬레스건은 의보"라는 말까지 들었다. 돈이 많다면 효과 좋은 신약과 첨단 의료기기, 최고의 의료진의 도움을 받을 수 있지만, 한국처럼 국민이 저렴하게 의료서비스를 받을 수 없는 시스템이란 걸 알았다.

그때 보건복지부를 출입하던 선배가 해줬던 경험담도 기억에 남았다. 그 선배가 당시 복지부 후원으로 유럽과 미국 의료보험제도를 장기간 현장 취재할 기회가 있었는데, 가서 보니 양쪽 다 문제가 있더라는 것이었다. 미국은 앞서 말한 '의료 격차'의 문제, 유럽은 반대로 '의료 질'의 문제가 심각했다고 평했다. 유럽은 의료복지체계가 잘 돼 있지만 지나치게 공공의료 비중이 높다 보니, 의료시설 투자와 의료 인력의 질 향상에 대한 동기부여가 되지 않아 낙후된 곳이 많다고 했다. 양쪽 다 딜레마를 겪고 있는 셈이다. 그러면서 그 선배는 우리가 제도 도입 초기에 절충 모델인 일본을 따랐던 것이 정말 다행이라고 진단했다.

물론 우리 의료보험제도는 초기 이후 일본과 다른 독자적 경로로 발전을 거듭했다. 특히 민주화와 함께 한국식 모델이 빠르게 정착했다. 지나치게 높은 진료비 본인 부담률 등 개선해야 할 부분이 적지 않지만, 건강보험 통합방식 등 여러 면에서 과거 주모델이었던 일본보다 낫다는 평가도 듣고 있다. 특히 효과적인 코로나19 대응에서 드러났듯이, 짧은 역사에도 괜찮은 의료시스템을 갖췄음을 보여주고 있다.

코로나19 앞에서 우왕좌왕한 '의료복지 선진국'

반면 코로나19 대응에서 일본은 과거 의료복지 선진국의 모습을 더는 보여주지 못하고 있다. '아베노마스크安倍のマスク'로 상징되는 지도자의 무책임과 우왕좌왕, 여전히 확진자 수를 팩스로 집계하는 아날로그 방식이 크게 부각됐지만, 검사 키트와 선별 진료소의 부족 등 누가 봐도 의료 체계에 구멍이 숭숭 뚫려 있었다. 들려오는 소식은 "망가져도 너무 망가졌다."는 말이 나올 정도로 도저히 믿기 어려운 이야기가 적지 않았다.

적지 않은 일본 전문가가 지나친 신자유주의적 개혁 이후 누적된 의료복지 시스템의 취약점이 이번에 드러났다고 비판하고 있다. 대표적인 사례가 보건소 부족 문제다. 일본에서도 코로나19 검사의 70%가 보건소에서 이뤄질 만큼 핵심적인 역할을 하고 있다. 그런데 2000년대 공공의료 축소 정책 시행으로 보건소가 절반으로 줄었기 때문에 의료 현장에서 코로나19 대응에 여러 가지로 애를 먹고 있다고 한다. 실제 일본에서 보건소는 1992년 852곳에 달했지만, 개혁을 이유로 통폐합이 진행되면서 2019년 기준 472곳으로 절반 가까이 줄어들었다. 지나치게 효율을 추구하다 너무 작아진 것이다.

일본 정부가 의료보장비와 사회보장비를 삭감하는 '개혁'에 서서히 시동을 건 것은 1980년대부터였다. 의료비 급증이 보험

재정의 악화를 불렀으며, 정부가 관장하는 건강보험은 국철國鐵, 양곡糧穀과 함께 3대 재정적자로 불릴 정도로 골칫거리가 되어갔기 때문이다. 불황에 들어선 1990년대부터 의료보험은 정말 심각한 재정위기에 처했다. 근본적으로 국민의료비의 연평균 증가율은 4.6%로 예상보다 빠르게 늘어난 데 비해, GDP 평균 증가율은 2.1%에 그친 것이 문제였다. 특히 신자유주의 노선 도입을 천명한 고이즈미 정권은 2006년 의료보장제도에 대대적으로 칼을 댔다. 전체적으로 피보험자의 자기부담 금액이 인상됐고, 만 75세 이상의 이른바 '후기 고령자'의 자기부담이 커졌다.

일련의 '개혁' 결과 재정 상태는 개선됐지만 최근 코로나19 대응에서 드러나듯이 의료체계가 부실해졌고 공공의료체계 붕괴로 이어졌다. 예를 들어 2013년 기준 일본 인구의 27%가 실질적인 무보험 상태에 빠졌다. 이것은 1987년 악의적 체납자에 대한 징벌적 조치 도입의 결과였다.[11] '악의적 체납자'는 장기불황으로 보험료를 내지 못한 무직자와 비정규직 등 저소득층이 대부분이었다. 후기 고령자를 위한 독자적인 의료보험제도가 창설되면서, 노인보건제도도 상당 부분 후퇴했다. 체납으로 의료 혜택을 받지 못해 죽는 사람이 도쿄와 오사카 등 5개 현에서 2년 동안 21명이나 나왔다. 확실히 일본에서 '국민 모두에게 적절한 의료를 가능한 최소 비용으로 공평하게 보장하는' 국민의료보험의 이상은 사라졌다.

난제다. 과거와 같은 높은 경제성장은 기대할 수 없고, 풀어야 할 문제는 산적해 있는데 국가 재정은 여유가 없다. 복지에 대한 새로운 정의와 정치적 지도력의 발휘가 절실하다. 새로운 비전을 가지고 과감히 기존 시스템을 뜯어고쳐야 한다. 그런데 과연 일본 정치권이 그럴 수 있을까?

새로 총리가 된 스가의 '복지관觀'은 이에 대한 전망을 보여준다. 스가 총리는 취임하면서 "자조·공조·공조自助·共助·公助로 신뢰받는 나라 만들기"라는 슬로건을 발표했다. 기자회견장에서 그는 "스스로 돕는 것이 기본이다. 그다음에 지역과 지자체가 돕고, 정부가 책임을 갖고 대응하는 것이다."라며 자신의 복지관을 설명했다. 사실상 모든 일차적 책임을 개인과 가족에게 돌리고 국가는 빠지겠다는 말이다. 이는 지금까지와 마찬가지로 과거 '가족주의 복지국가' 시대의 시스템을 계속 고집하겠다는 것이다.

복지는 응석을 받아주는 것도, 온정적 시혜도 아니다. 건강한 공동체를 계속 유지하기 위해 구성원이 다 함께 책임을 나눠 지는 것이다. 일본인이 자랑하는 화和의 정신과도 통한다. 모든 문제를 개인의 책임으로 돌려서는 결코 해결책을 찾을 수 없다. 많은 일본인이 〈어느 가족〉이 없는 '1억 총 중류사회'를 다시 꿈꿀 수 있기를 바란다.

12

일본에만 있는 자숙경찰, 왜 활개 칠까

2020년 4월 코로나19 긴급사태 발령 이후 일본에서는 '자숙自肅경찰'이 공포의 대상으로 떠올랐다. 자숙경찰은 정부·자치단체의 방역수칙에 따르지 않는 사람과 업소를 찾아다니며 경고와 위협 등 사적 제재를 가하는 이들을 가리킨다. 이들은 조직폭력배인 야쿠자보다 더하다는 하소연이 나올 정도로 "죽이겠다!"는 말을 서슴없이 내뱉는 등 협박과 횡포로 살풍경을 연출했다. 많은 일본 시민과 언론이 우려를 나타냈다.

자숙경찰은 말이 경찰이지 아무런 권한도 없는 자경단일 뿐이다. 긴급사태를 선포하고 법적 근거에 따라 경찰 등 공권력이 외출과 이동을 통제했던 미국, 유럽 등과 달리 일본에서만 출현한 존재다. 더욱이 근현대 일본에서 역사적으로 반복됐던 특유의 사회현상이다. 자경단은 우리에게는 1923년 관동대지진의 끔찍한 조선인 집단 학살을 떠오르게 하고, 전쟁을 겪은 일본인에게는 전시체제의 악몽을 떠올리게 만든다. 위기 때면 튀어나오는 망령과 비슷하다.

자숙경찰은 어떤 대상에 딱지를 붙이는 것에서 시작한다. 콕 찍어서 쉽게 공격할 수 있는 상태로 만들기 위해서다. 코로나19 긴급사태에서는 외출이나 영업 등을 '자숙'해달라는 정부 지침을 지키지 않는 사람들이다. 그러나 이는 명목일 뿐, 실제로 가해 대상은 '괴롭혀도 별 탈이 없을 것 같은' 사회적 약자였다. 대형 점포는 아무런 위협을 받지 않은 것과 달리, 지침을 잘 지킨 작은 음식점과 주점이 표적이 됐다. 재일교포와 차이나타운이 공격 대상이 된 것도 '소수자 차별'이라는 맥락이었다. 그래서 일본 학자들은 자숙경찰의 공격은 학교나 직장에서의 이지메(집단 따돌림)와 같은 원리로 작동한다고 지적한다. 일종의 집단 내 편 가르기와 희생양 만들기 현상으로 본 것이다.

어찌 보면 위기 상황에서 '다른 것'을 배척하는 행태는 어느 나라, 어느 집단에서나 보편적으로 나타나는 현상이다. 그러나 역사적으로 되풀이됐던 일본의 자경단 현상은 배후에 항상 국가 기관이 있다는 점에서 독특하다. 코로나19 때도 정치인의 선동 또는 지자체의 대응이 자숙경찰을 부추겼다. 자경단은 여기에 호응하듯 공인된 단체라도 되는 양 활개를 쳤다. '경찰'이라는 말을 쓴 것부터 스스로 공공의 역할을 대신한다는 착각이 느껴진다. 1923년 관동대지진 때도, 전시체제에서도 그들은 정부의 공식적 또는 비공식적 '용인' 아래 활동했다. 그래서 당하는 자들은 더욱더 크게 저항하지 못하고 숨을 죽여야 했다. '반관반민半官半民' 사회에서 학습된 서글픈 체념이었다.

전시체제 '비국민' 악몽을 연상시키는 '자숙경찰'

많은 일본인이 자숙경찰을 보며 과거 군국주의 시절의 고통스러운 기억을 연상한 것도 같은 맥락에서였다. 전시체제에서 일본 정부는 반관반민 단체들을 동원해 국민의 사적 영역까지 통제하고 억압하려 했다. '국민정신총동원' 운동이 대표적이었다. 사소한 일에도 비난이 잇따랐고, 국민은 숨도 쉬지 못하고 벌벌 떨어야만 했다.

특히 반관반민 조직들은 통제에 따르지 않는 이들에게 '비국민非国民'이라는 딱지를 붙이며 박해했다. 비국민이란 문자 그대로 국민이 아닌 자, 즉 '나쁜 국민'이었다. 외국인과 공산주의자,

전시체제에서 '비국민'이라는 낙인이 가장 비극적으로 드러난 사건은 제2차 세계대전 당시
일본군의 오키나와 주민에 대한 '집단 자결' 강요였다. 당시 오키나와 수비군은 주민을 총칼
로 위협하며 스스로 목숨을 끊을 것을 강요하는 만행을 저질렀다. 사진은 오키나와 전투가
끝난 뒤 살아남은 주민.

징병 회피자가 비국민이었음은 말할 것도 없고, 적성국 언어인 영어를 말하는 것도, 연애를 하는 것도, 병자와 허약자도 비국민으로 불렸다. 전시체제에서 일상적으로 쓰였으며, 경멸의 대상이고 가혹한 낙인이었다. 한국 사회의 '빨갱이'와 비슷한 강도의 말이었다. '사회적인 죽음'을 뜻했고, '실제 죽음'까지도 이르게 만들었다. 전쟁은 한 점의 모호함도 허용치 않는 형태로 사람들을 적과 아군으로 나누었다. 중립은 허용되지 않았다. 그것은 또한 아군 내부의 적인 스파이에 대한 지나친 두려움을 낳았고, 종종 비극의 씨앗이 되었다.

전시체제에서 비국민이라는 낙인이 가장 비극적으로 드러난 사건은 제2차 세계대전 당시 일본군의 오키나와 주민에 대한 '집단 자결' 강요였다. 당시 오키나와 수비군은 주민을 총칼로 위협하며 스스로 목숨을 끊을 것을 강요하는 만행을 저질렀다. 주민 수천여 명이 일본군이 건네준 수류탄을 터트리거나 극약을 먹고 죽었다. 그 이유가 기가 막힌다. 당시 일본군 수뇌부는 오키나와 주민의 국가 충성도가 너무 약해서 만일 미군의 포로로 잡히면 군사기밀을 누설할 것으로 생각했다고 한다. 사실상 오키나와 사람을 비국민이라고 생각했던 셈이다.

당시 오키나와 수비 제32군 사령부가 정했던 규칙에는 이런 측면이 잘 드러난다. "군인 군속을 불문하고 표준어 이외의 사용을 금한다(즉 오키나와어로 대화하는 자는 간첩으로 간주해 처분한다)."

였다. 이 규칙은 각 부대로 공식 하달되지는 않았지만, "오키나와인은 모두 스파이이므로 죽이라는 명령이 위로부터 나왔다."고 생각하는 병사가 적지 않았다고 한다. 수뇌부가 정한 지침이 비국민인 오키나와 사람에 대한 망상과 공포로 치솟아 집단학살로 이어진 것이다.[12]

전쟁 통한 '국민 만들기'에 가장 성공한 나라

전시에는 어느 나라나 '국민'과 '비국민' 사이에 엄밀한 전선戰線을 그었다. 하지만 일본은 비국민 낙인 찍기에서 보듯이 훨씬 정도가 심했고, 최근 자숙경찰 현상처럼 전쟁이 끝난 한참 뒤에도 연례행사처럼 되풀이되고 있다.

이는 역설적으로 일본이 전쟁을 통한 근대적 '국민 만들기'에 가장 성공한 나라이기 때문이다. 어느 나라나 전쟁은 국민 의식 형성에 영향을 미쳤지만, 일본은 그 비중이 상대적으로 높고 결정적으로 작용했다. 일본은 메이지유신 이후 자주, 또 오랫동안 전쟁을 치렀고, 막바지에는 최악의 군국주의 체제로 패전을 맞이했다. 또 패전 이후에도 준準전시체제로 경제전쟁을 수행했다. 일본인은 장기간 '비상시非常時'라는 심리적 압력 아래 놓여 있었고, 오랫동안 내부의 적을 솎아내려는 배격운동을 벌이며

일본이 선진국이라는 착각

독특한 국민의식을 유지해왔다.

국민의식의 핵심은 귀속감이다. 완전한 일체감·귀속감을 얻기 위해서는 배제가 필요하다. 그래서 끊임없이 희생양을 찾아 비국민으로 규정하고 내쳤다. 그것은 중간의 모호한 부분을 배제하고 명확히 흑백으로 나눈 대립이어서, 거기에서 엉거주춤한 자는 전부 적으로 밀어붙여졌다. 특히 힘없는 소수자는 밀려날 수밖에 없었다.

일본의 국민 만들기 역사는 독특하다. 우리와는 조금 다르게 일본어에는 출신지를 묻는 표현이 따로 있다. "고향은 어디입니까?"라는 뜻의 "오쿠니와도치라데스까お国はどちらですか"다. 보통 '나라'를 뜻하는 '쿠니国: くに'는 여기서 '출신 지역'을 가리킨다. '나라'라는 거창한 표현을 쓰는 이유는 과거 봉건체제의 흔적이 남아서다. 메이지유신 전까지 일본은 사실상 '번藩'으로 불리는 250여 개의 지방 국가가 연합한 형태였다. 누구도 자신이 일본인이라는 인식은 없었고, 단지 어느 지역 사람, 즉 '번 사람'이라는 의식만 있었다. 근대국가 성립 전 봉건시대의 유럽처럼 통일된 국가, 국민이라는 의식이 없었다.

메이지 정부는 국민 만들기에 힘을 쏟았다. 하지만 오랫동안 독립적인 지역 분할체제였던 데다 사농공상의 신분 질서도 뿌리 깊어 국민의식 형성을 방해했다. 에도막부체제가 무너지고 메이지유신이 시작됐지만 '일본인'이라는 의식은 희박했다. 일반 서민에게 그건 어디까지나 지배층의 권력다툼이었기 때문이다.

사실상 '일본 국민'이라는 소속감과 정체성을 갖기 시작한 데는 청일전쟁과 러일전쟁이 결정적이었다. 두 전쟁을 통해 일본인의 세계관이 크게 움직였다. 특히 러일전쟁 이후에는 일본인이라는 국민의식이 확고히 자리 잡았다. 유럽의 강대국인 러시아를 상대로 벌인 러일전쟁은 국운을 건 도박처럼 여겨졌기 때문에, 일본인도 상당한 위기의식을 느꼈다. 더욱이 희생자가 적었던 청일전쟁과 달리, 러일전쟁은 수만 명의 사망자를 내면서 '운명 공동체'라는 의식을 굳게 했다.

이후 만주사변부터 태평양전쟁 패전까지의 이른바 '15년 전쟁(1931~1945년)' 기간 동안 국가주의가 득세를 부리면서 일본인의 국민의식은 과잉으로 치달았다. 군국주의는 잦은 전쟁의 원인이자 결과물이었다. 반성을 통해 비대해진 국민의식을 '순화'하고 '정제'하는 시간을 가져야 했지만, 그러지 못했다.

또한 청일전쟁과 러일전쟁을 통해 일본은 침략적 제국주의 국가로 변신했다. 메이지 초기 일본의 민족주의는 저항적 민족주의였다. 다른 아시아 국가처럼 서구 열강에 의해 식민지로 전락할 수도 있다는 생존 불안에 항상 쫓겼다. 일본은 이런 불안을 청일·러일 전쟁 시기 침략적 민족주의로 해결하려 했다. 그래서 역사가들은 일본 제국주의를 서구와 달리 '약자의 제국주의'로 분류하기도 한다. 전쟁을 통해 공포를 해소하려다 보니 스스로 끊임없는 불안의 길로 이끌었다는 설명이다. 부국강병이라는 지상과제를 위해 어떤 가치도 희생하는 것을 주저하지 않았다.

그래서 약자의 제국주의는 어느 제국주의보다 가혹하고 잔인했다. 서구 국가들이 주로 경제적 이익을 취하기 위해 식민지 획득에 나섰던 반면, 일본은 안보 확보라는 차원에서 침략에 나섰다. 처음에는 정치적·군사적 목적에서 비롯되었지만, 점차 경제적 이익도 함께 추구하면서 최악의 제국주의로 흘렀다. 대표적인 사례가 일본의 한반도 지배였다. 우리 선조는 일본의 경제적 약탈과 군사적 억압을 동시에 받는 이중 부담을 져야 했기 때문에 서구의 식민지 지배보다 더 끔찍한 고통과 피해를 견뎌야 했다.[13]

일본 근대화 과정의 특수성은 왜 일본의 군대와 학교가 그토록 권위주의적이고 폭력적이었는지에 관한 단서를 제공한다. 군대와 학교는 대표적인 '근대화의 교육기관'이었다. 징병제와 의무교육은 한 쌍으로 강한 군대와 강한 국민을 만들기 위한 근대화의 필수요소였다. 서구를 따라잡는 부국강병을 목표로 근대화를 서두른 일본 역시 군대와 학교에 힘을 쏟았다. 일본에서 '소학교'라는 명칭이 처음 사용된 것은 1868년에 개설된 누마즈沼津 병학교 부속 소학교였다. 이는 우연이 아니었다. 학교의 일차적 기능을 군대 예비교육기관으로 봤던 당시 권력층의 시각을 반영한 것이었다.[14]

그러나 위로부터의 급진적인 근대화는 부작용을 양산할 수밖에 없었다. 지나친 규율과 통제는 군대에서는 지나친 폭력을, 교육에서는 권위에 대한 지나친 복종을 키웠다. 잦고 길었던 전쟁은 이를 사회 곳곳에 고착시켰다. 패전 후 짧았던 민주화 개혁으로는 오래된 문화를 되돌리기에 한참 부족했다.

참혹한 전쟁의 시간은 지났지만, 패전 직후에도 일본은 하나의 국민으로 똘똘 뭉칠 수밖에 없었다. 생존을 위협하는 궁핍은 '경제적 총동원'을 위한 충분한 자극이 되었다. 특히 아래위 할 것 없이 모든 일본인이 똑같이 가난해졌다는 점은 사회적 분열을 막아주었다. 일종의 평등주의가 재생을 위한 일본 국민의 총의總意를 모으는 강력한 기반이 됐던 셈이다. 이후 고도성장의 이득은 비교적 고르게 나눠 가졌고, '1억 총 중류사회'의 신화가 일본인에게 자연스럽게 자리 잡았다.

그러나 거품경제의 붕괴와 장기불황의 시작, 신자유주의의 도래는 100년 가까이 계속됐던 일본 특유의 평등주의를 무참히 깨버렸다. 이제 '모두 가난했고, 모두 풍요로워진' 과거의 일본은 없다. 일본인의 쇼와 노스탤지어는 단지 화려했던 경제적 성공뿐만 아니라, 누구도 소외되지 않고 "모두가 하나"임을 느낄 수 있었던 인간적인 유대감에 대한 그리움이기도 하다. 그와 더불어 상실감과 낭패감은 사회 전체적으로 애꿎은 상대를 향한 분노로 표출되고 있다.

일본이 선진국이라는 착각

'전쟁이라는 공통의 재앙'을 갈망하는 일본의 젊은 세대

2007년 일본에서 〈마루야마 마사오를 때리고 싶다. 31세 프리터. 희망은 전쟁〉이라는 칼럼이 큰 화제가 됐다. 이 글을 쓴 아카기 도모히로赤木智弘는 당시 편의점 아르바이트로 월 10만 엔을 벌며 살아가는 프리터freeter였다. 그는 현재 일본 사회는 빈부가 공고해진 격차사회로 많은 젊은이가 희망 없이 살고 있다며, 자신은 차라리 '전쟁이라는 공통의 재앙'을 갈망한다고 주장해 사회적으로 파문을 일으켰다.

그가 마루야마 마사오를 지목한 이유는 크게 두 가지였다. 하나는 전시가 가져오는 일종의 평등주의였다. 마루야마는 태평양전쟁 당시 도쿄제국대학 법학부 조교였지만, 1944년 이등병으로 징집됐다. 제국대학 법학부 출신의 엘리트였지만, 군대에서는 선임들에게 숱하게 구타를 당했다고 한다. 아카기는 "전쟁은 재앙이다. 그러나 고통은 잃어버릴 것이 있어서 비참한 것이다. 나는 아무것도 가진 것이 없다. 그런 내 처지에서 보면 전쟁은 비참한 것이 아닌 도전의 기회다."라고까지 말했다.[15]

다른 하나는 이른바 '전후세대'에 대한 반감이다. 마루야마는 전후 지식인을 대표하는 진보 사상가로, 앞장서서 일본 파시즘을 철저히 비판했고 평화헌법수호 활동도 펼쳤다. 평화를 주장하는 진보에 대한 불만과 사회적 부를 독점한 고령층을 향한 상대적 박탈감을 결합해 분노로 표출한 것이었다. 극단적인 사례지만 적잖은 지지를 받았다는 점에서 일본의 젊은 세대가 평화와 전쟁을 전후세대와 얼마나 다르게 생각하는지를 반영한다.

극단적으로 흐르는 그들의 밑바탕에 깔린 정서는 '상실'이다. 내면에 상실의 울분이 켜켜이 쌓여 있고, 보상받고 싶은 심리로 가득 차 있다. 현실에 좌절한 나머지 자기긍정의 계기를 아찔하게도 전쟁에서 찾으려는 것이다. 문제는 정치권이 이런 분노를 약한 존재 또는 이웃 국가를 희생양 삼아 돌리려 한다는 점이다. 과거처럼 손쉽고 편한, 하지만 건강하지 못한 방법으로 해결하려 하고 있다.

자숙경찰이 활개를 치는 현상도 같은 맥락에서 봐야 한다. 더욱이 전반적인 일본 사회의 우경화와 맞물려 과거와 같은 '비국민의 수난 시대'가 재현되지 않을까 우려된다. 극우도 오랫동안 금기시됐던 비국민이란 단어까지는 쓰지 않지만, 비슷한 뉘앙스로 '반사회적'이라는 꼬리표를 붙이는 데 열중하고 있다.

일본어로 안은 '우치ぅち', 밖은 '소토そと'라고 한다. 귀속감은 '소토'가 아닌 '우치'에 속하려는 욕망이다. 그러나 '우치'는 어디에도 없다. '우치'에 귀속한 인간은 어디에도 존재하지 않고, '우치'에 귀속되지 않으면 안 된다는 강박만이 존재한다. 일본 사회에서 '우치'에 귀속되라는 유혹에 저항하기는 너무 어렵다. 또 끊임없이 '소토'에 적을 만들어 문제를 타개하려는 경향도 여

전하다. 오랜 전쟁을 통한 귀속과 배제의 원리가 너무 강하게 작동해온 일본 사회는 지금 무척 위태로워 보인다.

Part 4

뒤처지고 있는
'일본주식회사'

지난 30년 동안
일본 경제에 무슨 일이 있었던 것일까

세계경쟁력 1위에서 34위로 추락… "아, 옛날이여"

스위스 국제경영개발대학원IMD은 해마다《세계경쟁력 연감》을 발표한다. IMD 연감은 세계경제포럼의《세계경쟁력 보고서》와 함께 가장 공신력 있는 국가 경쟁력 평가로 여겨진다. 일본은 2020년 순위에서 조사대상 63개국 중 34위를 차지했다. 싱가포르(1위), 홍콩(5위), 타이완(11위), 중국(20위), 한국(23위)은 물론 동남아시아의 말레이시아(27위)와 타이(29위)보다 낮은 순위다. 게

다가 34위는 역대 최저여서 일본은 상당히 충격을 받은 모습이었다.[1]

일본이 특히 낙담하는 이유는 극명한 대비 효과 때문이다. 일본은 1989년 같은 평가에서 1위였다. 1992년까지 4년 연속 1위, 이후에는 2~4위를 유지하다가 일본의 금융시스템 불안이 표면화된 1997년 17위로 급락한 뒤 계속 20위 전후를 오갔다. 순위변동이 일본 경제의 '잃어버린 30년'을 고스란히 보여주고 있는 셈이다. 일본 언론이 "헤이세이平成 원년(1989년, 헤이세이는 일본 연호)에는 1위였는데 34위까지 추락했다."며 한탄하는 이유다. 또 1989년에는 전 세계 시가총액 상위 20개 기업에 일본 기업 14개가 포함됐는데, 2020년에는 하나도 포함되지 못했다. 도요타자동차의 36위가 최고였다. 일본으로서는 '아, 옛날이여'를 외치고 싶을 만큼 씁쓸한 결과였다.

우리가 아무리 일본을 심정적으로 싫어해도, 일본이 경제대국이라는 사실은 인정해왔다. "미워도 배울 건 배워야 한다."는 말로 대변되는 정서가 오랫동안 뿌리 깊게 자리 잡고 있었다. 일본을 따라잡을 수 있다고 믿기 시작한 것은 1990년대 후반쯤으로, 얼마 되지 않았다. 그전까지 우리는 일본을 '추격'의 대상으로 삼았지만, 멀찌감치 앞에 있는 나라로 여겼다. 당시 대표적인 화법이 "일본이 ○○분야에서 우리보다 △△년 앞서 있다."였다. '△△년'에는 웬만한 노력으로는 따라잡기 어렵다는 '아득함'이 있었다.

우리만 그런 것이 아니었다. 세계가 일본 기업을 벤치마킹의 대상으로 삼았다. 그도 그럴 것이 당시 경제대국 일본의 위상은 대단했다. 수치만 보더라도 1950년과 1990년 사이 일본 경제는 약 152배나 성장했다. 같은 기간 '라인강의 기적'을 일으킨 독일 (당시 서독)의 약 39배 성장보다도 훨씬 높은 수치다. 1987년에는 일본의 1인당 GNP가 미국을 넘어섰다. 일본 경제의 규모는 아시아 GNP의 약 60%를 차지할 정도였다.

당시 절정에 달했던 일본의 호황을 보여주는 것이 거품경제의 전설 같은 일화다. 거품이 꺼지기 직전인 1980년대 후반에서 1990년대 초반 사치스러운 행태는 지금 들어도 별천지에 가까운 모습이었다. 우리로 치면 10만 원이 넘는 만 엔짜리 지폐를 흔들어야 택시를 탈 수 있었고, 술자리에서 만 엔짜리 지폐에 불을 붙여 담배를 피웠고, 차량정체 때문에 헬기를 타고 골프를 치러 다녔고, 도쿄의 땅 일부를 팔면 미국 전체를 살 수 있었고, 미국인이 '일본식 영어'를 배우기 위해 학원에 다녔고……. 책과 TV 프로그램에서 묘사하거나 지인에게서 듣는 일본의 당시 풍경은 비현실감이 들 정도로 흥청망청함의 극치였다. 그때마다 내가 경험했던 2010년 전후 일본의 활력 없는 분위기와는 너무 달라서 격세지감을 느끼곤 했다.

일본인은 왜 일본 경제가 추락했다고 생각할까? 일본 학계에서는 오랫동안 1985년 미국의 강요로 체결한 '플라자합의'를 일본 경제 침체의 결정적인 전환점으로 보고 있다. 특히 우익 성향일수록 큰 비중을 둔다. 실제 당시 플라자합의는 일본 경제에 재앙이었다. 단기간에 환율이 2배로 뛰면서 수출에 큰 타격을 준 것은 물론, 부동산 등 자산에 자금이 몰리면서 결국 거품경제를 만든 주요한 이유로 작용했다.

그렇지만 오래전 일만 내세우며 탓하기에는 궁색하다. 경제위기는 일본을 포함해 많은 나라에 여러 차례 있었고, 위기를 극복하면서 더 단단해졌기 때문이다. 일본에서는 이후 고령화와 디플레이션을 경제 쇠락의 구조적 요인으로 들고 있다. 하지만 근본 원인은 다른 곳에 있다는 목소리도 힘을 얻고 있다. 즉 일본이 바뀐 세계경제의 패러다임에 적용하지 못했고, 과거의 성공에 파묻혀 과감한 혁신을 하지 못해 '잃어버린 30년'을 불러왔다는 뼈아픈 성찰이다. 경제대국 일본은 어떤 길을 걸어온 것일까?

대도시·관광의 발달… '산업화 준비'가 되어 있던 일본

알다시피 일본은 경제면에서도 아시아에서 가장 앞서 서구화의 길에 들어섰다. 하지만 단지 빨리 개화해서 일본 경제가 발달했다고 보는 것은 성급한 결론이다. 일본은 1853년 미국의 '흑선黑船' 무력시위에 굴복해 본격적으로 근대화에 착수하기 전 이미 에도 시대(1603~1867)에 상업경제가 꽃을 피우고 있었다. 경제가 성장할 토양이 아주 잘 갖춰져 있었던 것이다. 두 가지 사례만 살펴보자.

먼저 대도시의 발달을 들 수 있다. 19세기 전후 세계적으로 가장 큰 도시는 어디였을까? 도쿄였다. 학자마다 추정하는 인구 수치가 다르지만, 당시 도쿄가 파리나 런던, 뉴욕보다 인구가 많았다는 점에서는 대체로 일치한다. 대도시가 발달했다는 것은 그만큼 상업이 발전했고, 상하수도와 같은 사회적 인프라가 잘 갖춰졌다는 이야기다. 이미 일본은 세계 최초로 백화점식 영업을 시작했고, 세계 최초로 대규모 쌀 선물시장을 열었을 정도로 아시아에서 '가장 시장경제에 가까운' 체제를 갖추고 있었다.

다음은 관광업의 발달이다. 일본은 이미 18세기 중엽에 해마다 100만 명 이상이 여행을 다니는 '관광대국'이었다. 서구보다 100년을 앞섰다는 평가가 나온다. 일본 특유의 사회·문화적 배경이 있었다고는 하지만, 여행이 대중화되었다는 사실은 그만큼 시설과 교통망, 경제적 여유 등의 조건이 충족된 사회였음을 뜻한다. 이외에도 본격적인 근대화 이전부터 일본은 출판과 패션, 공연과 같은 문화산업도 상당 수준 발달해 있었다.[2]

일본에는 붉은 벽돌로 지은 옛 건물이 이국적인 정취를 자아내는 유명 관광지가 꽤 있다. 요코하마의 아카렌가赤レンガ 창고,

홋카이도의 하코다테函館와 오타루小樽에 있는 일련의 붉은 벽돌 건물이 대표적이다. 주로 19세기 말에서 20세기 초에 지어져 관공서와 공장, 창고로 쓰였던 건물이다. 원래 목재가 건축의 주재료였던 일본에서 붉은 벽돌 건축물은 당시 문명개화의 상징이었고, 지금은 근대산업 유산으로 여겨진다.

붉은 벽돌 공장 가운데는 방적공장이 많다. 나고야에 있는 도요타 산업기술기념관은 도요타자동차의 전신인 도요타방직ト ヨ タ紡織의 공장으로 쓰였고, 가나자와 시민예술촌은 다이와방적ㅅ 和紡績의 공장이었다. 영국 공업화를 모델로 삼아 방적 산업에 힘을 쏟았던 메이지 일본은 공장 건물도 영국을 따라 붉은 벽돌로 지었다.

특히 1882년 설립된 일본 최초의 방적주식회사인 오사카방적大阪紡績은 아예 랭커셔제製 붉은 벽돌을 직수입해 공장 건물을 지을 정도로 영국식 표준 디자인을 착실히 따랐다. 모든 기계류와 부속품을 영국에서 주문했고, 소소한 것까지 영국 공장 설비와 같은 것을 썼다. 설립 이후 꽤 지난 1909년까지 핵심 장비인 방추의 90%가 영국 것이었다. 영국인 기술자들도 최장 35년간 일본에 살면서 기술을 전수했다. 정말 철두철미한 선진국 기술 모방이었다.

일본에는 붉은 벽돌로 지은 옛 건물이 이국적인 정취를 자아내는 유명 관광지가 꽤 있다. 요코하마의 아카렌가 창고, 홋카이도의 하코다테와 오타루에 있는 일련의 붉은 벽돌 건물이 대표적이다. 원래 목재가 건축의 주재료였던 일본에서 붉은 벽돌 건축물은 당시 문명개화의 상징이었고, 지금은 근대산업 유산으로 여겨진다. 사진은 아카렌가 2호점.

"유능한 학생이 스승을 가르치고 있다."

그러나 머잖아 일본 회사들은 모방의 대상이었던 영국 회사들을 앞질렀다. 수입하던 방직 기계류의 국산화에 성공했고, 1926년에는 영국이나 미국의 어떤 기계에 못지않게 효율적이고 경쟁력 있다는 평을 들은 도요타 자동직기를 발명했다. 이때부터 직조기술은 사실상 서구를 앞지르기 시작했고, 1930년에는 서구에서 배울 방직기술이 거의 없어졌다고 한다. 상황은 역전돼 일본에 최초의 방직기술을 제공한 영국의 기계회사인 플랫브라더스Platt Brothers는 영국·유럽에서 도요타 직기를 독점적으로 제조하고 판매한다는 계약을 맺었다. "유능한 학생이 이제 스승을 가르치고 있다."는 말이 나올 정도였다.[3]

일본 방직산업의 발전은 수치로도 드러난다. 1913년 일본의 수출물량은 독일의 2배를 넘어섰고, 1929년에는 세계 면직물 시장에서 점유율을 22%로 늘리더니, 1935년에는 44%까지 확대했다. 산업혁명 이후 오랫동안 세계시장을 지배했던 영국 면포는 이미 1933년에 일본 제품에 수위 자리를 내줘야 했다.[4]

어느 산업이건 후발주자가 선발주자를 따라잡는 것은 무척 어려운 일이다. 그것도 당시 서구 중심의 제국주의 국제 경제체제에서 '몇 수 아래'로 여겨졌던 변방의 아시아 국가가 일등이 된다는 것은 상상하기 어려운 일이었다. 더욱이 당시 면방은 서구 국가 대부분이 총력을 기울이던 산업이었다. 물론 일본은 다른 서구 국가와 달리 제1차 세계대전에 휘말리지 않았다는 이점이 있었다. 서양 열강이 전쟁에 몰두하던 사이 일본은 착실히 산업을 발전시키고 수출을 늘렸다.

하지만 그것만으로는 깜짝 놀랄 만한 가격에 비교적 양질의 제품을 만들어낸 부분을 다 설명할 수 없었다. 충격을 받은 서구에서는 원인이 무엇인지 분석에 나섰다. 대체로 서구가 본 일본 면방 산업의 비결은 서구의 몇 분의 1에 불과한 낮은 인건비, 끊임없는 설비 개선, 정부의 전폭적인 지원이었다.

그중 하나를 소개하자면 길버트 허버드Gilbert E. Hubbard는 《동양의 산업화와 서구에 미친 영향》(1938)이란 책에서 일본이 세계 시장을 잠식할 수 있었던 이유로 1) 일본 방직협회 등 각종 단체가 과잉생산과 비경제적인 과당경쟁을 막는 등 단체적인 통제력을 행사했다, 2) 대규모 제조 단위를 갖추고 하루 2교대 체제로 운영됐으며 방추와 직기 등이 현대화·자동화됐다, 3) 운송에 보조금이 있고 해운 가격이 낮았다, 4) 원면 수입을 몇몇 대형 무역회사에 집중해서 대량구매 체제를 갖춤으로써 원면을 최저가에 수입할 수 있었다, 5) 고객과의 긴밀한 접촉 유지, 제조 분야와 상업 분야가 협조함으로써 완제품 판매에 효율성을 기할 수 있었다는 점을 들었다.[5]

항목을 하나하나 읽다 보면 무언가 기시감이 들지 않나? 제

2차 세계대전에서 패한 이후 일본이 세계시장을 석권한 이유와 너무 흡사하기 때문일 것이다. 면방 산업 자리에 철강 산업, 조선 산업, 전자 산업을 넣어도 그다지 어색하게 느껴지지 않는다. 1960~1970년대 '일본주식회사'의 성공 요인이 나열된 것 같다. 후발공업국이었던 일본은 선진공업국을 따라잡을 기법을 이때 터득했던 것일까? 어찌 됐건 이후 긴 전쟁을 치르면서 일본에서는 이 방식이 하나의 시스템으로 굳어졌다. 다음 장에서 그 과정을 살펴보자.

전문가들이 경산성의
대한수출규제 주도를 우려한 이유는

2019년 7월 1일, 일본이 반도체 핵심 품목 제한 등 대한수출 규제조치를 발표했다. 당시 일본의 발표자는 세코 히로시게世耕弘成 경제산업성(경산성) 장관이었다. 통상정책을 담당하는 부처여서라고 생각할 수도 있지만, 국가 간의 문제인 만큼 외무성이 발표할 수도 있었다. 일본 언론은 그동안 일본 정부 내에서 외무성이 배제된 채 경산성이 한국에 대한 경제보복 정책을 주도했기 때문이라고 분석했다. 세코 장관 이외에도 이마이 다카야今井尚哉와 하세가와 에이이치長谷川榮一 등 '신주류'로 불리는 경산성 출신의 총리 비서진의 실명도 거론됐다.

이에 대해 도쿄대학교 강상중 교수 등 여러 전문가는 경산성이 전면에 나서는 점을 우려했다. 강경론자가 많은 경산성의 발언권이 강해질수록 앞으로 한일관계에서 외교적 타협은 그만큼 어려워질 것이라고 봐서였다. 이런 우려는 경산성의 지난 이력과 관련이 깊다. 일본에서 경제산업성은 최소한 1970년대까지 일개 부처가 아니라 전신인 통상산업성(통산성) 시절, 그전의 전시 군수성 시절부터 이른바 '경제 참모본부' 역할을 맡아왔다. 모든 물자를 통제 관리하며 전시에는 국방 총력전을, 패전 이후에는 경제 총력전을 지휘한 중심 기관이었다. 그래서 어느 기관보다 국수적 색채가 짙은 정책으로 유명했다. 경산성은 현재의 일본 경제체제에 대한 찬사와 비난, 논란의 중심에 줄곧 서왔다.

"전시도 전후도 같은 관료들이 주도"

일본의 산업정책 역사에서 가장 특이한 사실 중 하나는 패전 이후 경제성장을 이끈 사람들이 1930~1940년대 전시에 경제정책을 집행했던 사람들과 거의 같다는 점이다. 군사 분야가 아니라고 해도 전쟁을 이끌던 인물이라면 최소한 권력의 자리에서 물러나는 게 순리일 텐데, 이들은 전혀 그렇지 않았다. 오히려 패

일본이 선진국이라는 착각

전 이후 권한이 더 커졌다. '혁신 관료'로 불렸던 경제 관료들이 전시에는 통제경제를 이끌었고, 패전 직후에는 국가통제주의를 본격 시행했다. 그리고 고도성장 시기에는 전시와 유사한 국가 개발정책을 계속해 '일본주식회사'를 이끌었다.[6]

대표적인 인물이 아베 전 총리의 외조부 기시 노부스케 전 총리다. 만주의 계획·통제경제적 산업개발을 주도했고, 도조 히데키東條英機 내각에서는 상공대신으로 전쟁 수행을 위한 물자 동원을 지휘했던 그는 패전 후 '1급 전범 용의자'로 수용됐다. 그러나 석방돼 잠시 공직에서 쫓겨났다가 정계에 복귀해 승승장구하며 최고 권력자 자리까지 올랐고, 일본 고도성장의 틀을 만들었다는 평가도 듣고 있다.

기시와 함께 전시경제를 이끌었던 경제 관료 대부분이 패전 이후에도 책임을 지지 않고 자리를 지켰다. 혁신 관료들이 군부와 함께 국가를 파멸의 구렁텅이로 몰아넣었다는 호된 비판을 받았지만, 연합국 최고사령부는 이들을 건드리지 않았다. 혁신 관료들은 어떻게 등장했고, 왜 비판의 대상이 되었을까?

혁신 관료의 출현 배경에는 '위기의 시대'에 대두한 일본 군국주의가 있었다. 1927년 시작된 쇼와 공황과 1929년 세계 대공황의 여파로 일본도 극심한 경제적 타격을 겪었다. 특히 당시 일본 경제는 위기에 취약한 구조였다. 아시아에서 가장 앞섰다곤 하지만, 금융 등 서구와 비교해 후진적 자본주의 성격이 강한 데

'만주사변의 주모자' 이시와라 간지는 '미일 최종전쟁'이라는 전쟁관과 연계해 국가 개조를 주장했다. 이시와라는 이내 실각했지만 그의 국가 개조 계획은 기시 노부스케 등 국가주의 색채가 짙은 혁신 관료들이 이어받았다. 사진은 1930년대 초 만주에서 찍힌 이시와라 간지.

다 상품을 소화해줄 국내시장도 좁았다. 또 원료 부족이라는 약점도 치명적이었다. 공황 이후 서구 국가를 중심으로 경제 블록화 바람이 불었고, 일본도 '엔円 블록'으로 자립하려고 했지만 위기를 극복하기에는 역부족이었다.

특히 농촌이 큰 타격을 입었다. 농산물 값이 폭락했고, 흉작까지 들어 굶어 죽는 이가 속출하는 비참한 상황이 계속됐다. 정부에 대한 불신과 불만이 고조됐고, 군사적으로 해결하려는 군국주의가 준동하기 시작했다. 대표적인 사건이 5·15 사건과 농촌 출신의 청년 장교들이 일으킨 2·26 사건이었다. 정치뿐만 아니라 경제도 점차 군부의 입김이 세졌다. 이때 경제적 위기를 군사적 방법으로 타개하겠다며 나선 사람들이 있었는데, 대표적인 인물이 '만주사변의 주모자' 이시와라 간지石原莞爾였다.

많은 사람이 이시와라 간지를 만주사변을 일으킨 군인 정도로만 알고 있지만, 그는 정말 무서운 인물이었다. 그는 '미일 최종전쟁'이라는 독특한 자신의 전쟁관과 연계해 국가 개조를 주장했다. 그의 생각은 "동양을 대표하는 일본과 서양을 대표하는 미국이 최후의 전쟁을 벌일 것이고, 승패는 양국의 경제력이 좌우할 것이다. 일본은 이에 대비해 만주를 점령해 풍부한 자원으로 중화학공업화를 서둘러야 한다."로 요약할 수 있다. 이시와라는 독일에서 근무했는데, '세계 최초의 총력전'인 제1차 세계대전을 보면서 한 나라의 경제력이 결국 전쟁의 승패를 좌우한다는 것을 확신했다고 한다. 만일 이시와라가 세운 국가 개조 계획대로 됐다면—물론 당시 상황에서 가능성은 거의 0에 가까웠지만—우리의 해방은 상당히 늦어지고 피해도 컸을 것이다.

이시와라의 구상에서 만주국은 핵심 연결고리였다. 만주사변을 일으킨 것도 나름의 계획 속에서 이뤄진 셈이었다. 만주국은 장래 일본의 국가 개조 모델이었다. 이 '기분 나쁜 천재'는 치밀하게 전략을 짜고 지지자를 모으고 하나하나 자신의 구상대로 준비했다. 그러나 그의 뜻과는 달리 일본 군부는 중일전쟁을 일으키면서 준비가 되지 않은 채 전쟁의 길로 뛰어들었고, 결국 그는 권력투쟁에 밀려 실각했다.

전후 일본을 낳은 '전시 총력전 체제'

이시와라의 구상은 이념적으로는 국가사회주의, 경제적으로는 전시 총력전 체제였다. 모든 것이 생산력 확대로 수렴됐다. 구체적으로 금융·전기·통신 등의 기간사업은 국가가 직접적으로 통제하고, 철과 석탄, 철도 등의 주요 산업은 간접적으로 통제하며, 그 밖의 산업은 일단 민간 자유 경영에 맡기겠다는 것이었다. 국가의 감독·지도권을 우선하지만, 사회주의의 단점인 비효율을 줄이기 위해 기업 영리활동의 여지도 인정하겠다는 발상이었다.

이런 생각은 일본 내에서 비교적 폭넓은 지지를 받았다. 당시 좌익과 우익 모두 사회주의로 기울어진 분위기였다는 점이 배경으로 작용했다. 공산권이 무너진 지금 기준으로 볼 때는 의아하겠지만, 당시에는 세계공황으로 자본주의에 대한 실망과 비판이 커지면서 미국과 독일 등에서도 '수정 자본주의' 움직임이 주류였다. 소련의 성공도 자극이었다. 당시 소련은 겉으로 봤을 때 눈부신 성장으로 주목을 받고 있었다. 일본에서 "좌익과 우익의 차이는 천황제 인정 여부"라는 말까지 있을 정도였다.

이시와라의 정책은 다음과 같았다. 1) 기업 경영진에서 자본가를 배제하고 노동자의 지위를 높인다. 이를 위해서 노사협조노선을 취하고 보너스 도입 등으로 노동자의 사기를 높인다. 2) 금융 면에서는 일본은행을 통해 국가가 자금을 관리하고 기업 활동을 통제한다. 또한 저축을 장려하여 국민으로부터 집적된 자금을 저금리 정책하에 철강·자동차 등의 중공업 산업에 우선 배분한다. 3) 경제활동 전반에 행정기관이 지도력을 발휘하여 자문위원회와 업계 단체를 새롭게 조직하고 행정지도를 철저히 한다는 것이었다. 이것은 전후 고도성장 시기 일본의 경제정책과 너무나 흡사하다. 다음 장에서 자세히 다루겠지만, 그래서 적잖은 일본 학자가 "일본적 경제 시스템의 원형이 이때 만들어졌다."거나, '일본주식회사'라는 경제체제의 싹을 이때부터 틔웠다고 평가한다.[7]

이시와라는 좌절했지만, 그의 국가 개조 계획은 기시 노부스케 등 국가주의 색채가 짙은 경제 관료들이 이어받았다. 체제 변혁을 목표로 1937년 기획원에 모인 새로운 경제 관료들을 당시 일본에서는 '혁신 관료'라고 불렀다. 이들은 만주에서 통제경제를 실험하며 경험을 쌓은 뒤 일본으로 돌아와 군부와 결탁해 주도권을 쥐며 활약했다. 그들이 만든 통제경제 방식의 산업정책은 주로 전쟁물자 동원과 배분으로 이어졌다. 혁신 관료들은 국가의 경제 통제를 강화하면서 인적·물적 자원을 총동원하는 체제를 확립했다. 또 패전 후에는 일본 경제정책을 마련했다. 대장성, 상공성, 기획원 등에서 요직을 차지하고 일본 경제의 틀을 짰다. 그들은 전쟁 전이나 전쟁 이후나 일관되게 통제경제 요소를 유지하며 '일본주식회사'를 이끌었다.

연합국 최고사령부는 왜 전시 통제경제를 이끌던 혁신 관료들을 그냥 둔 것일까? 일본에 진주한 미군은 관료기구를 축출대상으로 삼았다. 그런데 경찰 등이 소속된 내무성에 집중했을 뿐 경제부처는 개혁대상이 아니었다. 패전 이후 추방된 1,800명의 민간인 출신 관료 중 70%는 경찰과 그 밖의 내무성 관리였다.

여러 의견이 분분하다. 대체로 일본 사정을 잘 모르는 연합국 최고사령부가 미국의 행정이론대로 경제 관료를 '비정치적 기구'로 봤기 때문이라는 분석이 가장 설득력 높게 받아들여지고 있다. 실제 당시 문헌을 보면 경제 관료를 개혁할 필요성에 대한

일본이 선진국이라는 착각

문제의식조차 없었다. 또 연합국 최고사령부의 일차적 목적이 무장해제, 즉 일본이 다시는 미국을 위협하지 않도록 하는 것이었기 때문에 '즉각적 위협'이 되지 않는 경제 관료를 개혁할 의지가 약했다는 분석도 있다. 더불어 연합국 최고사령부가 옛 지배층을 대체하기 위해 생각했던 정치세력이 기존 관료조직보다 상대적으로 유능하지 못했다는 점도 작용했다. 반면 혁신 관료들은 영리했다. 패전 후 불과 열흘 만에 군수성을 해체하고 상공성으로 부활시켜 칼날을 피했던 사례가 대표적이다. 혁신 관료들은 냉전이 만들어준 기회를 잘 파고들었고, 경제 권력을 장악했다.[8]

패전 후 경제 관료들에게는 전시 목표인 군사적 승리가 이제 경제적 승리로 바뀌었을 뿐이었다. 경제 관료들은 특히 통산성 (전시 군수성)을 중심으로 국가 주도의 통제경제를 이끌었다. 한 나라가 전시동원체제에 들어가면 군사 총참모부가 필요하듯이, 경제개발을 위한 동원체제에서 통산성은 경제 총참모부 역할을 했다. 군사력에 의존한 시도는 분명히 처참한 실패로 끝났지만, 전시에 시도됐던 국가 통제·개발정책까지 아예 용도 폐기한 것은 아니었다.

'한국전쟁 특수'라는 '신풍神風'

그리고 그들의 성공에는 여러 가지 운이 작용했다. 특히 속상하고 안타까운 일이지만, 잘 알려진 대로 우리의 최대 불행인 한국전쟁이 일본의 경제부흥에 결정적인 역할을 했다. "한국전쟁이 아니면 일본이 과연 회생할 수 있었을까?" 싶을 정도로 우리의 상상 이상으로 일본은 덕을 봤다.

어느 정도일까? 1950년부터 1955년 사이 미국 정부와 일본 기업이 맺은 물자 및 서비스 액수의 누계는 35억 2,700만 달러였다. 당시 기준으로 엄청난 금액이었다. 외환보유고도 불과 2년간 3.7배 이상 급증했다. 실질국민소득도 1951년도에 이미 전쟁 전 수준을 넘어섰고, 1953년도에만 38% 상승했다. 일본 국내 소비 수요도 3년간 30억 달러 이상 늘었다. 더욱이 전쟁 특수는 단지 원조를 받는 것보다 경제에 미치는 연쇄 효과가 컸다. 일본경제백서에서 "특수는 원조물자를 공짜로 받는 것보다 더 큰 역할을 했다."고 분석할 정도였다. 고용 면에서도 "직접적으로 20만 명, 간접적인 것까지 수십만 명의 일자리를 제공"했다.[9]

구체적으로 일본 기업에 얼마나 큰 영향을 미쳤는지 일본의 대표적인 기업 도요타자동차 사례를 살펴보자. 제2차 세계대전 중에 도요타자동차는 닛산자동차와 더불어 군용 트럭을 생산하는 군수 기업으로 정부와 군부의 적극적인 지원을 받으며 성장했다. 그러나 패전 직후 지원이 사라진 도요타의 경영은 심각한 상태였다. 임금 지급은 지연됐고, 임금 삭감이 반복됐으며, 노조는 파업을 반복했다. 도산 직전이었다. 그렇다고 기술력이나 생산성이 높은 것도 아니었다. 당시 일본 자동차 산업은 영국과 미국에 여러모로 크게 뒤처져 있었다. 예를 들어 1942년의 자동차 생산 대수는 미국 625만여 대, 영국 62만여 대였던 데 비해, 일본은 2만 8,700대에 불과했다.

그러나 한국전쟁은 상황을 극적으로 반전시켰다. 미국은 신속하게 차량을 공급하기 위해 전선에 가까운 도요타에 대량 주문을 넣었다. 도요타가 한국전쟁으로 수주한 미군 특수차량 및 경찰예비대의 계약 대수는 1년에 5,629대였다. 당시 월 생산 600대 정도의 도요타로서는 굉장히 큰 것이었다. 재료와 부품 모두 미국보다 매우 뒤떨어졌던 도요타는 특수로 얻은 돈을 설비 근대화 및 경영합리화에 집중적으로 투자했다. 덕분에 도산 직전에서 새 도약의 기회를 마련했다. 도요타 스스로 회사 역사에 "한국전쟁 특수라는 신풍神風 덕택으로 도산 직전의 도요타는 크게 숨을 내쉬게 되었다."고 기록할 정도였다.[10]

철강업과 조선업도 한국전쟁 특수를 톡톡히 누렸다. 1949년 일본의 조강 생산량은 311만여 톤 정도였다. 당시 미국의 22.7분의 1, 소련의 7.5분의 1, 영국의 5분의 1 규모였다. 그러나 한국전쟁 덕분에 1955년에는 3배인 940만 톤으로 늘었다. 한국전쟁 이후 여력이 생긴 일본은 설비의 근대화와 합리화로 선진국과의 기술격차를 줄였고, 이후 철강 대국이 되는 기반을 마련했다. 조선업도 패전 직후에 붕괴 일보 직전이었으나 한국전쟁의 영향으로 특히 수리선 부문에서 특수를 봤다. 미쓰비시조선의 나가사키 조선소와 시모노세키 조선소의 각 독은 1951년 초 이후 가득 찬 상태가 계속될 정도로 대호황을 누렸다.[11]

한국전쟁처럼 한 나라의 '불행'이 이웃 나라에 '행운'이 된 사례가 또 있을까. 우리에게는 역사상 최악의 비극이었지만, 일본은 '은혜의 비'라고까지 부를 정도로 특수를 만끽했다.

15

왜 일본의 경영자는
CEO보다 사장으로 불리기를 선호할까

한국에서는 많은 대기업 경영자가 사장보다는 CEO라는 호
칭을 더 좋아한다. 사장님은 어디서나 남발되는 표현인 데 비해,
CEO는 '전문지식으로 무장한 글로벌한 경영자'라는 이미지가
있어서일 것이다. 그러나 일본에서는 적어도 2000년대 초까지는
대기업 경영자 대부분이 CEO보다 사장으로 불리기를 원했다.
이런 선호는 단순히 호칭의 문제가 아니라 실제 기대되는 역할
차이도 있기 때문이었다. 적지 않은 사람이 일본 기업의 전통적
인 경영자와는 다른, 이질적인 CEO 개념에 불편해했다.

미국식 CEO 개념은 "성과를 내고 보상을 받거나, 실패하면 책임을 진다."는 것이 핵심이다. 여기서 보상을 하거나 책임을 묻는 주체는 주주다. 따라서 미국 CEO는 주주의 이익 극대화를 최대 목표로 삼는다. 반면 전통적인 일본 경영자는 회사 종업원을 필두로 거래처 등 이해관계자의 이익을 중시한다. 따라서 사내외 평판이 가장 중요하고, 원만한 인간관계 유지가 필수 덕목이다. 일본 경제가 최고조에 달했던 1980년대에 경영자의 이런 모습은 일본의 자랑거리 중 하나였다. 기술개발 등 회사의 미래를 멀리 내다보는 장기경영을 할 수 있고, 신입사원과의 보수 차이도 적어 노사화합이 잘된다는 게 근거였다. 반면 미국 경영자는 지나치게 주주를 중시하다 보니 단기 업적에 치중하고, 엄청난 보수 챙기기에 더 관심을 두기 쉽다고 비난했다.

그러나 장기불황이 계속되자 일본 경영자 스타일을 미국처럼 바꿔야 한다는 분위기가 대세가 됐다. 경영환경이 불확실한 시대에 빠르고 과감한 결단을 내릴 수 있는 미국식 CEO 개념의 경영자가 필요한데, 의견 조정에 상당한 에너지를 쏟는 조정자 역할을 중시하는 일본식 경영자로는 한계가 있다는 것이었다. 여기에 일본 경영자 시스템이 연합국 최고사령부의 재벌해체정책의 여파로 구축된 것인 만큼 이제 시대 흐름에 맞게 바꿔야 한다는 지적도 나왔다. 다른 일본식 경제체제도 반성의 대상이 됐다. 일본 정부까지 나서서 "장래 성장을 위해서 장애물이 되고 있는 일본식 경제체제를 개혁해야 한다."고 선언했다.

일본식 경제체제는 일본이 고도성장을 누릴 때 비교우위를 가진 벤치마킹의 대상이었다. 일본 국내외 학자들은 기업 측면에서는 종신고용, 연공서열, 기업별 노동조합을, 금융 측면에서는 주식이나 회사채 발행과 같은 직접금융 중심이 아닌 주거래 은행이 주도하는 간접금융 중심이라는 점을 대표적인 특징으로 거론했다. 이런 특징은 안정된 노사관계를 통해 생산성을 높이고, 중화학산업과 같은 전략산업에 자금을 집중적으로 투입할 수 있게 해서 고도성장의 성공 요인으로 작용했다. 일본식 경제체제는 1970년대 오일쇼크와 같은 위기 상황에서 유리하게 작용했고, 경제성장의 풍요로움을 일부가 독점한 것이 아니라 모든 계층의 국민이 동등하게 누렸다는 점에서도 사회통합 역할을 했다는 호평을 받았다.

일본이 경제 대국으로 떠오른 1970년대 중반 이후 '일본주식회사'론이 유행했다. 정부와 기업, 국민이 일체가 되어 일사불란하게 경제발전에 매진하는 모습이 마치 하나의 주식회사와 같다며 서구에서 붙인 이름이었다. 이 이론이 보는 일본 경제의 가장 큰 특징은 관민일체다. 즉 정부가 산업정책이나 행정지도 같은 수단을 동원해 민간경제활동에 광범위하게 개입하고, 대신 기업에 금융·세제 혜택과 보호무역장치 등을 제공해 대내외 변수로부터 보호해준다는 것이었다. 일본을 견제하고 압박하려고 정부

역할을 과장한 서구의 시각이라는 비판도 있었지만, 이미 일본 국내에서도 '일본호號', '일본 선단船團'처럼 비슷한 표현이 자주 쓰이고 있었다. 한 몸처럼 똘똘 뭉쳐 경제성장을 이루는 일본 경제의 모습은 경이롭고 불가사의하게 비쳤다.

불황이 낳은 '1940년 체제론'

그러나 1990년대 들어 일본 경제가 불황에 빠지면서 일본식 경제체제의 문제점을 근본적으로 되돌아보는 움직임이 일본 국내외에서 일었다. 그중 하나가 이른바 '1940년 체제론'이다. 노구치 유키오野口悠紀雄 교수의 《1940년 체제: 안녕, 전시경제1940年 体制—さらば戦時経済》(1995)가 유명하다. '1940년'은 전쟁 시기를 상징하는 연도로, 이 이론의 주된 가설은 "현재 일본 경제를 구성하는 주요 요소는 전시기에 만들어졌다."고 보는 것이다. 즉 일본 경제는 전시 총력전 체제의 연속으로, 전시에 도입된 제도와 틀이 패전 이후에도 뿌리 깊게 남아 있다는 논리다.

전시의 틀이 유지된 이유는 또 다른 '총력전'을 위해서였다. 전쟁 수행이라는 목표가 패전 이후 경제 복구로 바뀌었을 뿐, 경제자원을 총동원해야 하는 상황은 마찬가지여서 전시제도가 그대로 남아 있다는 관점이다. 제도가 연속되면서 인사와 일의 추진 방법도 연속됐고, 특히 관료와 기업인 의식이 연속됐다고 설명한다. 이 이론의 지지자들은 '1940년 체제'가 고도성장 시기에는 유효했지만, 1990년대 이후에는 일본 경제에 부정적으로 작용할 때가 많다고 지적한다. 한 방향을 정해놓고 성장할 때는 잘 작동하지만, 불확실한 변화에 대한 대응능력은 떨어지기 때문이라는 주장이다.

일본 내에서 '1940년 체제론'은 많은 논쟁을 일으켰다. 이전까지는 패전 이후 미국이 주도한 일련의 개혁으로 현재의 일본 시스템이 만들어졌다는 시각이 주류였기 때문이다. 전시는 일탈의 시대일 뿐, 전쟁의 폐허를 딛고 새롭게 태어난 전후 일본과는 본질적으로 다르다는 믿음이 전제를 이루고 있었다.

나는 몇 년 전 일본 경제 전문가에게서 '1940년 체제론'을 전해 듣고 신선한 충격을 받았다. 이해되지 않았던 독특한 일본 경제체제의 근원을 찾는 데 유용한 단서를 얻은 느낌이었다. 물론 공부를 계속하다 보니, 이 이론에는 과장과 일반화의 오류 등 허점도 많이 보였다. 무엇보다 자칫 길을 잘못 들면 전시체제를 미화하는 일본 우익의 역사수정주의 논리에 빠질 위험도 컸다.

그래도 관점 전환에 분명 도움이 됐다. 특히 1937년 중일전쟁 전 일본 경제체제의 모습이 지금과 전혀 달랐다는 사실은 다소 놀라웠다. 군사력 증강을 최우선 목표로 삼아 본격적인 총력전 경제로 들어가기 전의 일본은 전형적인 영미식 자본주의 체

일본이 경제대국으로 떠오른 1970년대 중반 이후 '일본주식회사'론이 유행했다. 정부와 기업, 국민이 한 몸처럼 똘똘 뭉쳐 경제성장을 이루는 일본 경제의 모습은 경이롭고 불가사의하게 비쳤다. 사진은 1964년도 도쿄올림픽 직전인 1963년 아카사카미츠케 공사 현장.

제에 가까웠다. 즉 기업은 주주 중심주의로 대주주가 경영을 좌지우지하고 단기성과에 집착했으며, 은행을 통해서가 아니라 회사채나 주식시장을 통해 직접 자본을 조달하는 경우가 대부분이었다. 또 노동시장도 종신고용은커녕 근무연수가 짧고 직장이동이 잦아서 안정과는 거리가 멀었다. 어디를 봐도 흔히 말하는 일본식 경제의 특징은 보이지 않았다.

손정의 회장이 영국 휴대전화 회사를 인수한 까닭은

2007년 일본 생활 시작과 함께 휴대전화를 개통하면서 나는 두 번 놀랐다. 먼저 휴대전화의 실망스러운 디자인. 이전까지 갖고 있던 "일본 제품은 디자인이 좋다."라는 이미지를 깨버렸다. 다른 하나는 비싼 요금이었다. 당시 일본 이동통신업계는 NTT 도코모와 KDDI 양강 체제에 손정의孫正義 회장의 소프트뱅크가 막 뛰어들어 가격 인하 경쟁이 벌어지던 시기였다. 후발주자인 소프트뱅크가 '반값 할인' 등 공격적인 마케팅으로 점유율을 높여가자, 결국 다른 회사들도 어쩔 수 없이 가격을 내렸다. 일본에서 경쟁 덕분에 소비자에게 이익이 돌아간 드문 사례였다.

당시 이 사례에 개인적으로 흥미를 갖고 자료를 찾아봤는데, 손 회장이 이동통신 시장에 뛰어든 일화가 인상적이었다. 그는 오래전부터 이동통신 진출을 타진했지만, 아무리 노력해도 정부가 허가를 내주지 않았다고 한다. NTT 등 과거 체신청 시절부터 형성된 마피아에 가까운 단단한 '이익연합체제'와 그들이 만든 까다로운 진입 규제 때문이었다. 그래서 생각한 방법이 이미 일본 내 허가권을 갖고 영업하고 있던 영국 이동통신업체인 보다폰Vodafone을 통째로 인수하는 것이었다고 한다.

소프트뱅크 사례는 왜 일본에서 정보통신 산업의 고도화가 지체됐는지, 왜 오랫동안 소비자 중심 관점이 결여됐는지를 상징적으로 보여준다. 거대한 기득권의 존재와 폐쇄적인 운영이 산업 발전과 소비자 편익 증진을 가로막았던 것이다. 사실상의 독점체계로 인한 비싼 통신요금과 각종 규제, 번잡한 절차 등이 이동통신 산업 생태계의 활력을 뺏고 결국 말려 죽인 셈이다.

'1940년 체제론' 지지자들의 일본 경제체제 비판은 이와 같은 사례에 맞춰져 있다. 이른바 '생산자 우선주의'와 '경쟁 부정'이 일본 경제를 망치고 있다고 주장한다. 전쟁 수행을 위한 생산력 증강을 모든 것에 우선했고, 국민 단결을 위해 경쟁보다 팀워크와 성과의 평등 배분이 중시돼 이 두 가지가 절대 원칙처럼 여겨졌던 것인데, 패전 이후에도 그대로 고착됐다고 지적한다. 하지만 "생산하면 그만"이라는 '생산자 우선'은 소비자의 외면을 불렀고, "경쟁은 악惡"이라는 잘못된 방향으로 흐른 '경쟁 부정'은 경쟁력이 있건 없건 모든 기업체를 살리는 비효율의 극대화로 이어지는 역효과를 가져왔다는 것이다.

전시체제에 생겨나 굳어진 두 가지 악습은 기업에만 그치지 않고 국민의 생활에도 직접 악영향을 미치고 있다고 비판한다. 먼저 '생산자 우선'으로 생산자인 일본 기업의 국제경쟁력 향상에만 정책의 초점이 맞춰지다 보니, 정작 공원과 같은 사회자본 정비에 대한 투자는 오히려 늦춰지고 말았다는 것이다. 서구 국가들보다 훨씬 적은 공공투자 때문에 국민은 낡고 열악한 환경 속에서 생활해 풍요로움을 느끼지 못하고 있다고 지적한다. 또 '경쟁 부정'은 유통업과 서비스업 등 생산성이 낮은 산업에 개혁의 메스를 들이대지 못하게 만들었고, 이들 산업의 자체 혁신이 늦춰지면서 세계 기준에서 도태되는데도 방치했다는 것이다.[12]

모두 동의할 수는 없지만 일리 있는 지적이다. 두 가지 키워드를 대입하면 왜 철저히 소비자 위치에서 생각하지 못하는 일본 기업이 많았는지, 왜 일본 기업이 폐쇄적으로 '그들만의 리그'로 운영됐는지 고개가 끄덕여진다.

하지만 의문이 남는다. 일본에서 전시경제체제가 어떻게 그토록 오래갈 수 있단 말인가. 분명히 체제의 문제점이 드러나면 자체적으로 개혁의 압력도 강해질 텐데 말이다. '1940년 체제론' 지지자들은 일본이 1970년대와 1980년대에 찾아온 개혁 기회를 놓쳤다고 아쉬워한다. 먼저 1970년대에는 "성장에서 사회개발로"라는 슬로건이나 "사회복지 원년"이라는 표현에서 보듯이 전

후 고도성장에 맞춰졌던 일본 경제체제를 진정한 복지국가 체제로 바꿀 분위기가 무르익었다. 그런데 1973년 석유 위기라는 돌발변수가 발생하면서 다시 분위기가 바뀌었다. 전 국민이 하나가 되어 총력전을 벌인 끝에 '우등생'으로 위기를 극복하자, 다시 일본식 시스템 찬미가 대세를 이뤘다. 이는 "역시 일본식이 최고였네!"라는 과신으로 이어졌고, 다시 기존 체제를 고수하게 했다는 것이다.

1980년대에도 미국 등의 개방 압력과 금리자유화의 진척으로 위기이자 기회가 왔다. 그러나 정부와 기업 모두 여전히 일본식 시스템 예찬론에 안주하다 보니, 근본적 변혁 없이 형식적 개혁에 그쳤고, 결국 1980년대 후반에 거품경제를 가져왔다고 진단한다.

일본에는 왜 유니콘 기업이 적을까

기업가치가 10억 달러 이상인 비상장 스타트업 기업을 '유니콘Unicorn 기업'이라고 한다. '미래의 GAFA(구글, 아마존, 페이스북, 애플)'라고 불리며, 유니콘 기업의 수는 그 나라의 IT산업 성장 전망을 보여주는 하나의 지표로도 평가받는다. 글로벌 시장조사 업체 CB인사이츠가 발표하는데, 2020년 11월 기준 전 세계 유니콘 기업 501곳 가운데 70%는 미국·중국 기업이었다. 한국과 일본은? 한국은 11곳, 일본은 겨우 4곳에 불과했다. 일본 언론은 종종 너무 적은 유니콘 기업 수를 들며, 일본의 미래 먹거리가 될 신사업이 없다고 한탄한다.

확실히 1990년대 이후 일본은 IT 등 신산업 발전에 소극적이었다. 폐쇄적인 데다 과거의 성공에만 매몰돼 불확실성을 피했던 대기업의 소극주의가 가장 큰 이유로 지목됐다. 과거 일본의 고도성장은 제조업이 견인했다. 그러나 지금 제조업이 GDP에서 차지하는 비율은 20% 정도다. 고용기여도도 17%(총무성 노동력 조사 2018년 평균)에 불과하다. 제조업의 시대가 저무는 상태에서 새로운 견인 역할을 담당할 산업이나 기업이 나타나지 못하면서 경제가 활력을 잃고 있다는 진단이다.

제조업 중심 경제에서는 '1940년 체제', 즉 전시체제가 확실히 유리했다. 대량생산 제조업에서 중요한 것은 새로운 것을 창조하는 것이 아니라 규율이었기 때문이다. 모두가 공동목적 달성을 목표로 주어진 직무를 정확히 수행하는 것이 지상목표였기 때문에, 인내심이 강하고 성실하며 협조성이 있고 상사가 말하는 바를 잘 듣는 인간이 요구되었다. 금융도 자금 배분을 정부가 통제하는 간접금융이 더 효율적이었다. 1970년대까지 전 세계적으로 제조업, 특히 철강업 같은 '중후장대重厚長大'형 장치 산업과 자동차 같은 대량생산 조립형 산업이 중심이었다. 이런 환경에서 전후에도 전시경제체제를 유지해온 일본이 좋은 성적을 내는 것은 어찌 보면 당연한 일이었다.

그러나 1990년대 이후 정보기술의 변화는 이 패러다임을 근본부터 변혁시켰다. 불확실성이 늘고 변화가 심해졌다. 1940년 체제는 성장에는 잘 기능하지만 변화에는 그렇지 못한 체제였다. '회사인간'은 팀워크와 효율성이 우수하지만, 새로운 경계선을 그으려는 혁신적인 기업가는 될 수 없었다. 고성장 시대에 적합한 모델이지, 저성장 시대와는 맞지 않았다. 함께 나눌 열매가 적기 때문이다. 무엇보다 '갈라파고스화'라는 말처럼 폐쇄적이어서는 뒤처질 수밖에 없다. 유연성과 기동성을 가져야 하는데 통제색이 강한 전시체제는 질곡이 되어버렸다.

일본 정부와 기업은 1980년대부터 조금씩 신자유주의 이념을 도입하기 시작했고, 2000년대 중반 이후에는 본격적인 제도 개혁을 추진했다. 하지만 결과는 참담했다. 오히려 각종 격차가 심해지면서 일본의 장점이었던 사회안전망이 급속히 무너졌다. 중산층은 급격히 몰락했고, 사회적 활력과 신뢰 관계도 마찬가지였나. 외래종의 섣부른 노입이 토종 생태계를 교란하듯 미국식 신자유주의가 상당한 부작용을 불러온 것이다.

견고한 '이익연합체제'는 그대로 두고 신자유주의의 장점만 취하겠다는 편의주의적 사고가 한계에 부딪힌 것이 아닐까? 일본 관료집단이 기득권 유지집단이 되어버린 것처럼, 적지 않은 일본 기업도 무색무취에 활력이 떨어지고 있다는 지적이 끊임없이 나온다. 화려했던 '일본호'가 방황하고 있다.

'모델'이자 '참고사회'였던 일본… 우리가 버려야 할 것들

기업뿐만 아니라 한국 경제 발전사는 일본 학습과 극복의 역사였다. 일본으로부터 산업화 전략을 학습하고 생산 공정과 기술을 채택했다. 거시경제정책은 미국의 영향이 컸지만, 미시경제정책, 즉 산업정책에 관해서는 일본의 영향이 압도적이었다. 해방 이후 우리의 초기 조건이 너무 열악했기 때문에 저렴한 노동력을 활용해 일본의 자본과 기술을 들여와 성장하는 것 이외의 다른 선택지가 없었다. 인정하기는 싫지만, 일본의 경제발전 경험을 '압축'하는 형태로 급속한 경제발전의 토대를 마련했다.

여기에 정부와 민간 차원에서 이뤄진 다양한 형태의 교류와 네트워크 역시 일본 의존적 산업구조 형성에 영향을 미쳤다. 전후 일본 경제의 성공을 모델로 각종 법령과 시스템을 들여왔다. 한국의 대표적 업종별 진흥법인 〈기계공업진흥법〉(1967), 〈전자공업진흥법〉(1969)은 일본 법과 매우 유사하다. 한국 법률에 대응할 수 있는 것이 일본에 있었다. 거의 같은 명칭과 기능을 가진 공적 기관도 설립했다. 한일 기관끼리 정보교환협정을 체결하고, 정기협의와 간부의 상호방문, 연수생 파견 등의 형태로 교류하며 일본의 성공 경험을 학습하려 노력했다.[13]

오랫동안 일본은 한국 공업화의 '모델'이자 '참고사회'였다. 철강과 조선, 전자 등 주력 산업은 일본 기업으로부터 자본과 기술, 경영 기법 등 많은 것을 전수받았다. 일본은 한국에 중간재·자본재·기술의 공급원이 되는 동시에 학습과 벤치마킹의 대상이었다. 당시 국제적으로 '기적'으로 통했던 전후 일본 경제의 극적인 발전 모습을 보고 영향을 받지 않았다면 오히려 그것이 더 이상했을 것이다.

그러나 우리가 일본의 경험을 단순히 답습한 것은 아니었다. 학습을 넘어 지속적인 '혁신'이 있었다. 후발공업국은 학습을 통해 시간과 비용을 절약할 수 있지만 추격에만 급급해 격차를 좁히기 어려운 경우가 많은데, 혁신을 통해 이를 극복했다. 예를 들어 중화학공업화의 경우 일본의 경험에서 착상을 얻으면서도 한국이 처한 상황에 대응하도록 만들어졌다. 철강과 조선, 전자와 자동차 산업 모두 치열한 혁신을 통해 일본의 하청 업체로 고착되는 것을 막고, 빠르게 따라잡을 수 있는 전략을 선택했다.[14]

한국과 일본 기업은 이제 대등한 관계에서 상호의존관계를 구축하고 있다. 제3국 건설 수주의 한·일 협력이 대표적인 사례다. 과거에는 일본 기업이 수주한 해외 대형 프로젝트에 한국 기업이 자재와 설비 일부를 공급하는 안건이 대부분이었지만, 지금은 대등한 위치에서 공동으로 큰 해외 프로젝트를 따내고, 해외 자원을 공동으로 개발하는 안건이 늘고 있다. 한국과 일본은 산업구조가 비슷하여 경쟁 관계에 있지만, 반대로 협력할 수 있는 분야도 많기 때문이다.

그러나 한국과 일본의 경제 구조가 매우 유사하다 보니 비슷한 문제점을 안고 있다. 20세기 제조업의 시대에는 기술과 경험의 축적, 근면성이 경제발전을 좌우했다. 정부의 강력한 지원도 필요했다. 일본이 강자였던 이유다. 일본은 지금도 '소재·부품·장비(소부장) 산업'에서는 과거의 성공 방식으로 성과를 거두고 있다. 그러나 일사불란을 강조하는 일본 시스템은 다른 산업에 독으로 작용하고 있다. 수직적인 일 처리와 인간관계는 소통 부족과 창의력 결핍으로 이어졌고, 사회와 기업의 활력과 성과를 모두 떨어뜨리고 있다. 경제체제와 쌍을 이루는 권위주의적 교육과 제도, 관행은 몰락을 재촉하고 있다. 과거의 강점이 오늘날에는 개선해야 할 약점이 되고 있다.

이와 같은 진단은 한국에도 거의 그대로 적용된다. 오랫동안 일본식 시스템을 성공 모델로 삼고 학습에 전력을 쏟았던 만큼 어찌 보면 자연스러운 결과였다. 강점만 벤치마킹하면 좋으련만, 약점도 함께 딸려왔다. 아니, 강점과 약점은 원래부터 하나였다. 우리는 그동안 독자적인 혁신을 이루는 과정에서 더덕더덕 붙어 있던 '일본식 관행에서 유래했을 것으로 추정되는' 악습을 떼어냈다. 무엇이 아직도 우리의 발목을 잡고 있는지, 다시 한번 찬찬히 둘러봐야 할 필요가 있다.

16

'회사사회' 일본의 붕괴

애니메이션 〈너의 이름은君の名は〉(2016)으로 친숙한 신카이 마코토新海誠 감독의 〈날씨의 아이天気の子〉(2019)는 '날씨 무당'이라는 독특한 소재를 현대적으로 재해석한 작품이다. 일본의 민간 설화를 바탕으로 이야기를 풀다 보니 우리에게는 이국적인 풍경이 펼쳐지는데, 그중 하나가 시내 빌딩 옥상에 있는 조그만 신사神社다. 여주인공은 이 신사를 통해 하늘 세계로 가고, '날씨 신녀'의 능력도 얻는다.

종교시설인 신사가 빌딩 옥상에 있다니, 이 신사의 정체는 무엇일까? 바로 '회사의 신神'을 모시는 신사다. 일본의 많은 회사가 빌딩 옥상에 자기만의 신사를 세우고 정기적으로 임직원이 함께 신에게 제사를 지낸다. 우리가 눈여겨보지 않아서 그렇지, 도쿄나 오사카 시내 빌딩 옥상에는 이런 신사가 서 있는 곳이 많다. 우리로 치자면 회사 법당을 회사 빌딩 옥상에 마련한 셈이다.

'회사 신사'뿐만이 아니다. 도쿄 주변의 다카노高野산 등에는 회사 묘墓도 즐비하다. 이곳에 업무 중 사고나 질병으로 죽은 사원을 모시고, 혼을 위로하는 법요도 정기적으로 행한다. 회사 신사에 회사 묘까지 있는 일본. 왜 일본에서 회사를 종교로, 일본을 '회사사회'로 불렀는지 알 수 있는 대목이다.

'회사사회'란 말 그대로 회사를 중심으로 돌아가는 사회다. 회사가 직원의 고용과 복지 등 사실상 모든 것을 책임지는 사회다. 회사가 종래 가족이나 지역 공동체가 수행해왔던 역할까지 흡수했던 일본 사회를 가리켰던 말이다. 회사가 전부였던 만큼 회사에서 맺는 인연인 '사연社緣'은 그만큼 중요하고, 회사를 떠난 삶이란 상상할 수 없었다. 회사의 운명과 자신을 동일시했고, 그만큼 애사심과 일체감도 대단했다.[15]

그러나 오늘날 일본의 '회사사회' 시스템은 붕괴했다고 말한다. 독특한 회사사회는 어떻게 형성됐고 왜 무너진 것일까?

실수가 알려준 제국 일본의 열악한 노동조건

2017년 미국 뉴욕 타임스스퀘어 옥외 전광판에서 상영된 〈군함도의 진실〉 고발 영상에 조선인 강제징용 노동자로 소개된 인물이 일본인인 것으로 밝혀져 논란이 일었다. 당시 동영상에는 탄광 안에서 비스듬히 누워 탄을 캐는 광부 사진이 쓰였는데, 일본 《산케이신문》이 조선인이 아니라 일본인이라고 지적했고 이는 사실로 확인됐다. 이 일은 일본 극우세력이 지금까지도 "군함도에서 벌어졌다는 강제징용 사실은 날조"라고 떠드는 빌미를 제공했다. 어설픈 고증이 부른, 너무나 큰 실수였다.

그러나 논란의 사진은 한 가지 확실한 진실을 말해준다. 당시 일본인 노동자의 외관은 강제징용자로 착각할 만큼 처참했다는 점이다. 경제학자 야마다 모리타로山田盛太郎는 "당시 일본 노동자 계급의 근로조건은 세계에서 가장 낮은 인도보다도 못한 육체마멸의 조건"이라고 지적했다. 특히 당시부터 장시간 근로 관행은 악명 높았다고 한다.[16]

더 나아가 논란의 사진은 역으로 강제징용의 처참함을 간접적으로 보여준다고 할 수 있다. 식민지 조선인 노동자보다 '상대적으로 훨씬 좋았다'는 일본인 노동자의 근로조건이 사진처럼 열악했다면, 조선인 노동자는 어떤 상태였을지 짐작할 수 있어서다. 많은 연구는 조선인 노동자가 일본인 노동자보다 1.2배에서 1.5배 정도 더 긴 시간을 일하면서 임금은 절반도 받지 못했다고 말한다. 또 일본 '내지內地', 즉 본토에서만 시행하고 있던 〈공장법〉과 같은 최소한의 법적 보호장치도 식민지 조선에는 없었다. 오죽하면 조선총독부 경무국장이 경성의 공장지대를 돌아보고 난 뒤 일본인 공장주들에게 열악한 근로조건을 개선하라고 경고했을 정도였다.[17] 더욱이 '전시戰時+강제노동'이라는 최악의 조건까지 고려하면, 그 사진의 처참함에 몇 배를 곱해야 강제징용 노동자가 처한 진짜 가혹함에 가깝지 않을까 하는 합리적 추론이 가능하다.

왜 일본의 노동조건은 그토록 열악했을까? 학자들은 일본이 공업화를 시작한 1870년대에 서구에서 통용되던 과도한 근로시간의 영향을 받았기 때문이라고 해석한다. 당시 서구의 모든 제도를 '통째로 모방'하다 보니 악습까지도 고스란히 물려받았다는 설명이다. 실제 1908년 영국의 주당 평균 근로시간이 64시간일 정도로 서구 자본주의 국가에서도 가혹한 노동 강요는 일반적이었다.[18]

그럼 우리가 일본 노사관계의 전형적인 특징으로 떠올리는 종신고용과 연공서열형 임금 같은 관행은 언제쯤 생긴 것일까? 생각보다 역사가 길지 않다. 1937년 중일전쟁 이전까지 일본 고용시장은 해고가 손쉬웠고, 직장이동도 잦아서 근무연수가 무척 짧았으며, 노동조합 가입률도 낮았다. '일본식'이라기보다 전형

일본이 선진국이라는 착각

적인 '미국식'에 가까웠다. 당시 〈노동조사보고서〉를 보면 "우리나라(일본) 노동자들의 최대 결점은 하나의 공장에서 근무하는 기간이 너무 짧아, 우리 공업에 미치는 손실이 결코 적지 않다는 점"이라고 소개할 정도였다. 노동조합률은 최고였을 때도 겨우 3% 정도였다.[19]

'노사는 운명공동체'라는 인식의 빛과 그림자

평생직장을 보장하는 일본식 고용 관행이 본격적으로 자리 잡기 시작한 것은 1950년 중반부터 시작된 일본 고도성장 시기다. 경기가 좋으면 노동시장은 일손이 달리는 '노동자 우위'가 될 수밖에 없다. 고도성장 시기에는 장기간 이런 시장이 유지되면서 일본만의 독특한 관행이 만들어졌다. 여기에 패전 이후 널리 퍼진 "우리는 '일본호'라는 배를 탄 운명공동체"라는 위기의식은 노사가 하나로 똘똘 뭉치게 했다.

"노사는 운명공동체"라는 인식은 적은 노사분쟁과 강력한 동기부여, 높은 생산성으로 이어져 고도성장기 일본식 경영 신화에 크게 이바지했다. '고도성장의 엔진'으로 평가받을 정도였다. 고도성장이 계속되면서 회사는 안정적인 고용과 각종 복지혜택을 제공했고, 노동자는 평생직장인 회사를 위해 헌신했다. '춘투

春闘'로 대표되는 전투적 임금인상 투쟁이 벌어졌지만, 고도성장 시기를 통한 물질적 풍요가 노동자의 계급의식을 약화시키면서 노동조합은 점차 어용노조로 변해갔다.

여기에 패전 직후 독특한 사정으로 출현한 '유능하고 돈 욕심 적은' 전문경영자도 "우리는 하나"라는 일체감 형성과 원만한 노사관계 유지에 크게 이바지했다. 일본을 점령한 연합국 최고사령부는 일본 군국주의의 원인 중 하나로 재벌을 지적하고 강력한 축출에 나섰다. 이때 약 2,300명 정도가 잘려나갔고, 그 자리를 전문경영자가 차지했다. 대부분 현장 경험이 많은 젊은 내부 승진자였던 이들은 주주의 간섭을 받지 않는 대신, 기업 내 조합과 함께 노사일체로 회사를 꾸려나가려는 성향이 강했다. 일본 기업에서 사장과 말단사원의 임금 차이가 적은 이유도 이런 내부 승진 경영인이 많다는 사정이 작용했다. 실제 1980년대에도 미국 기업은 최고경영자와 생산직 근로자의 임금 차이가 155배인 데 반해 일본 기업은 17배에 불과했다. 또 '소유주'가 아니라 함께 밑바닥부터 고생한 '동료'였기에 당연히 거부감도 적을 수밖에 없었다.[20]

그러나 공동운명체를 강조하는 일본식 노사 관행은 장시간 근로의 만연과 과로사라는 달갑지 않은 결과로 이어졌다. '회사 사회'는 안정적인 고용을 제공하는 대가로 직원에게 무한에 가까운 헌신과 희생을 요구했다. "회사가 전부"이고 "취미는 일하는 것"이라고 말하는 사람이 가장 바람직한 남성으로 여겨지고, 장시간 근로가 미덕이 되고 관행으로 정착하는 것은 자연스러운 귀결이었다.

더욱이 노동자에게 장시간 근로를 시킬 수 있는 제도도 이를 부추겼다. 일본 근로기준법은 하루에 8시간, 일주일에 40시간을 초과하는 노동을 금지하고 있지만, 이 조항은 노사 간 협정 때문에 거의 무의미하다. 이 잔업시간의 상한선을 연 360시간으로 정했고, 노사 간 특별협정만 맺으면 360시간도 넘길 수 있었다. 실제 도요타자동차 공장에서는 연 720시간의 잔업을 시켰던 사실이 밝혀졌다. 여기에 일본에서는 잔업시간이 끝난 뒤에도 일을 계속하는 이른바 '서비스 잔업'이 관례화돼 있다. 사실상 '극한의 잔업'이 가능한 셈이다.

그러다 보니 과로사 문제도 심각하다. 일본에서 과로사 문제는 1980년대부터 사회 문제로 떠올랐다. 과로사 문제는 한국을 비롯해 어느 나라에나 있지만, 일본은 발생 빈도나 강도 면에서 두드러진다. 과로사를 가리키는 일본어 발음 'karoshi'는 영어 보통명사가 될 정도다.

1990년대 들어서는 '과로 자살'이 일본에서 사회 문제가 됐다. 대부분 지나친 잔업이 문제였다. 2015년 일본 1위 광고회사 덴쓰電通에서 20대 여성 직원이 스스로 목숨을 끊어 일본 사회에 충격을 준 사건이 전형적이다. 그는 월 105시간이 넘는 잔업에 시달렸다. 그런데 근무기록을 조작하는 관행 때문에 실제 초과 근무 시간은 1~2시간으로 입력돼 있었다.

사건의 파문이 커지자 일본 정부는 〈일하는 방식 개혁〉을 추진해 2019년 입법을 마쳤다. 그러나 이 안에 대해서도 비판이 많았다. 시간 외 노동의 상한 규제가 과도했기 때문이다. 안은 '연간 최대 720시간, 한 달 100시간 미만'으로 정했는데, 이는 산업재해로 인한 과로사 인정 기준과 같았다. 일본 노동문제 전문가들은 한 달 80시간의 추가 노동시간을 '과로사 라인'이라고 부르고 있는데 이를 초과한 셈이다.[21]

일본식 고용 관행이 사라진 자리에 남은 것은

신자유주의 체제의 본격 도입과 함께 일본식 고용 관행은 점차 과거의 일이 되어가고 있다. 노동자의 정년 보장과 연금 혜택이라는 과거 고용보장의 장점은 사라지고, 노동조건은 열악해져가고 있다. 임금도 줄었다. 예를 들어 1995년에서 2006년 사이 기업의 경영이익과 주주배당금은 각각 약 2.1배, 3.9배가 늘었는데, 피고용자의 임금은 7.4%나 줄었다.[22]

어찌 보면 당연한 일이다. 일본식 노사 관행은 고도성장 시기 노동시장에서 '노동자 우위'가 장기간 계속됐기 때문에 생긴 독특한 현상이었기 때문이다. 과감한 돈 풀기가 특징인 아베노믹스로 일본에서 경기가 반짝 살아나면서 기업들이 '취업준비생 모셔가기'를 벌여 우리의 부러움을 샀던 일도 구직자 우위의 시장이 섰기 때문이었다. 일본 우익이 주장하듯이 결코 일본 기업이 원래 노동 친화적이거나 아름다운 가족주의·공동체주의 전통을 가지고 있어서가 아니었다. '공동체로서의 회사'는 경제적 번영의 원인이 아니라 그 결과였던 셈이다.

2016년 한국에서는 히노 에이타로日野瑛太郎의 책《아, 보람 따위 됐으니 야근수당이나 주세요》가 화제였다. 책은 재치 있게 서비스 잔업과 같은 과중한 노동을 당연시하는 일본의 사회 분위기에 문제를 제기했다. 저자는 회사가 과거와 같은 혜택과 보장을 제공하지 않으면서도, 과거와 같은 노동자의 헌신을 바라는 것은 말도 안 된다고 비판했다. 히노는 책을 쓴 이유로 "많은 사람이 '일의 보람'이라는 저주에서 빠져나오기 바라는 마음을 담았다."면서 일본식 고용 관행에 야유를 보냈다.

이 책처럼 일본의 젊은 세대는 이제 회사가 모든 것을 책임져주는 시대가 저물었음을 알고 있다. '잃어버린 30년'에 혹독한 취업 빙하기 등을 거치면서 평생직장은 허상임을 학습한 것이다. 그리고 그때의 가치관을 강요하는 윗세대를 '꼰대'라고 부르며 "보람 따위는 됐다!"고 당당히 외치는 것이다.

그러나 일본식 노사 관행이 일본의 전통이라는 환상은 여전히 사회에 남아 있고 이런 믿음은 비극으로 이어진다. 대표적인 현상이 이른바 '블랙 기업'의 출현이다. 블랙 기업은 영어권에서는 '악마 기업evil company', 우리말로는 '악덕 기업'으로 번역할 수 있는데, 특히 신입사원에게 혹독한 근무 환경과 노동 착취를 조직적으로 강요하고 소모품으로 취급한다는 점이 특징이다.

블랙 기업의 사례는 처참하다. 이자카야 체인 와타미和民 직원으로 2008년 '과로 자살'한 당시 26세의 모리 미나森美菜 씨는 한 달에 141시간의 잔업을 강요당한 것으로 드러났다. 이 회사에는 모든 사원이 암기해야 하는 회장의 어록이 있는데, 그중에는 "365일 죽을 때까지 일하라", "아침에 일어나서 잠들 때까지 눈을 뜨고 있는 모든 순간이 노동시간" 등의 말이 있었다. 또 다른 블랙 기업의 경우 신입사원의 1/6이 입사 후 우울증에 걸린 것으로 나타났다.[23]

어느 나라에나 있는 악덕 기업 아닐까? 맞다. 하지만 유독 일본에서 블랙 기업 문제가 심각한 배경에는 일본적 고용 관행이 자리 잡고 있다. 즉 블랙 기업이 '회사와 나는 하나'라는 일본의 '전통'을 악용해 청년들의 노동을 착취하는 것이다. 실제로 사례를 보면 일본 청년들이 블랙 기업에 충성하는 가장 큰 이유가 일본적 고용 관행에 대한 믿음이었다. 청년들은 과거처럼 기업을 위해 목숨 바쳐 일하면 기업이 알아줄 것이라고 믿지만, 블랙 기업은 처음부터 짧게 '뽑아 쓴 다음 버릴' 계획이었을 뿐이다. 신

자유주의 도입으로 '변절'한 기업과 과거처럼 '순진'한 노동자의
헌신과 복종의 조합이 최악의 결과로 이어진 것이다.

'회사주의'라는 신기루에서 무엇을 볼 것인가

일본의 호황이 절정에 달해 미국에서도 "일본 경영을 배우
자"고 했던 시절인 1989년, 《노라고 말할 수 있는 일본The Japan that
Can Say NO》이란 제목의 책이 베스트셀러에 올랐다. 저자 중 한 사
람인 고故 모리타 아키오盛田昭夫 소니SONY 공동 창업자는 단기
이익에 집착하는 미국식 경영을 신랄하게 비판했다. 그의 주장
중 하나가 미국 임원은 월급을 너무 많이 받아서 회사에 누를 끼
친다는 것이었다. 실제 자신의 소니 사장 시절 연봉이 미국 자회
사 사장 연봉보다 적었던 경험이 있는 데다, "직원에 대한 나의
최대 사명은 그들이 세상을 떠날 때 '소니에 근무해 정말 행복했
다.'라고 생각하도록 만들어주는 것이다."라고 말할 정도로 일본
식 경영에 확신이 있기 때문이었을 것이다.

그러나 모리타 회장이 비판했던 미국식 관행은 지금 소니는
물론이고 거의 모든 일본 대기업에서 고스란히 행해지고 있다.
직원은 생산요소인 노동력일 뿐이다. 어느 기업도 신자유주의라
는 대세를 거스르면서 생존을 장담할 수 없는 시대가 된 탓이리

라. 한때 일본의 특수한 상황에서 성공적인 해결책으로 여겨졌던 '회사주의'는 이제 신기루처럼 사라졌다. 하지만 그때 그 시절에 대한 미련과 향수는 여전히 가득하고, 이를 정치적·경제적으로 이용하는 사람들도 적지 않다.

우리에게는 여전히 일본과 비슷한 노동 관행, 고용 관행, 인사 관행이 남아 있다. 경제발전의 모델이었던 일본의 '회사주의' 시스템까지 벤치마킹하려 했기 때문이다. 그때 대학생 일괄채용 방식, 사내하청제도까지 더불어 딸려왔다. 일본과 마찬가지로 대학 졸업과 동시에 기업에 공채로 들어가 평생 한 직장을 다니다 퇴직하는 삶이 보통 사람들이 떠올리는 표준이었다.

하지만 한국의 노사 누구도 회사주의의 장점, 즉 높은 생산성과 안정적인 고용보장을 누릴 수 없었다. 고도성장을 누렸던 경제대국 일본과 달리 우리는 그런 '호시절'이 없었기 때문에 충분한 경제적 체력을 축적할 시간이 없었다. 1980년대 후반에서 1990년대 중반 짧은 '노동 우위'의 노동시장을 맛본 뒤, 외환위기 이후 신자유주의의 도래와 함께 '구인 우위'의 노동시장이 계속되고 있다.

회사주의는 '고도성장 시대의 일본'이라는 특수한 조건에서 잠시 나타났다가 '평생직장'이라는 환상만 남기고 사라진 신기루일지 모른다. 일본에도 우리에게도 그것은 지속할 수 있는 모델이 아니었다. 이면을 들춰보면 지금 시대에는 감내하기 어려

일본이 선진국이라는 착각

운 단점과 부작용도 적지 않다. 회사주의가 마치 우리 것이었던 것처럼 아쉬워할 필요는 없는 것 같다. 신자유주의 도입과 함께 과거의 장점이 사라지고 껍데기만 남으면서, 이제는 '인간을 갈아 넣는 체제'라는 비판까지 나온다. 일본과 우리 모두 하루빨리 '사람 귀한 줄 아는 체제'로 바뀌길 바란다.

Part 5

일본은
'문화 선진국'일까

왜 일본에서는
창작 영화가 드물까

코로나19 피해가 가시화되기 전인 2019년, 일본 영화의 흥행 순위를 보자. 상위 10위 가운데 오리지널 각본으로 만들어진 영화는 신카이 마코토 감독의 〈날씨의 아이〉, 미타니 고키三谷幸喜 감독의 〈기억에 없습니다!記憶にございません!〉 두 편이었다. 애니메이션인 〈날씨의 아이〉를 빼면 순수 창작 실사영화는 〈기억에 없습니다!〉 단 한 편뿐이었다. 나머지는 만화와 소설, 드라마 원작을 영화화한 작품이었다. 이는 2019년의 현상만이 아니다. 2010년대 들어 흥행 수입 10억 엔 이상을 기록한 영화 중 오리지널

각본으로 만든 실사영화는 1년에 모두 합해 1편에서 5편에 불과했다.[1]

창작 실사영화가 드물다는 점과 더불어 일본 영화 흥행 순위에서 눈에 띄는 건 TV 시리즈를 극장용으로 만든 애니메이션의 속편이 해마다 꾸준히 상당수 포함돼 있다는 점이다. 2019년에도 전체 흥행 상위 10위에 극장판 〈명탐정 코난〉, 〈원피스〉, 〈도라에몽〉이 당당히 포함됐다. 조금 아래 순위권에는 〈포켓몬〉, 〈짱구는 못 말려〉, 〈드래곤볼〉 극장판도 있다. 시리즈 애니메이션 영화는 개봉하는 달도 거의 정해졌다. 〈명탐정 코난〉 극장판은 지난 1997년부터 한 해를 빼고 2021년까지 24편이 해마다 4월에 개봉했고, 〈도라에몽〉 극장판도 지난 1980년 이후 한 해를 빼고 해마다 3월 이후 1편 이상 개봉해 지금까지 모두 41편이 제작됐다.

'안전한 영화'를 만드는 그들만의 리그

아무리 일본이 자타공인 '애니메이션 왕국'이라지만 이건 좀 심하다. 왜 그럴까? 흥행을 보증하기 때문이다. 원작 만화·애니메이션의 고정 팬들이 해마다 극장용 애니메이션을 보러 꾸준히 영화관을 찾기 때문에 안정적으로 수익을 올릴 수 있어서다. 특히 주요 관객층인 10대는 같은 애니메이션 영화를 몇 번이고 반복해서 보는 이른바 '리피트Repeat 관람', 우리로 치자면 'n차 관람(회전문 관람)' 성향이 무척 강하다. 또 일본은 한국과 달리 인기 드라마가 영화로 만들어지는 경우도 많다. 역시 원작 드라마 팬을 겨냥한 '팬덤 장사'인 셈이다.[2]

흥행은 되겠지만 영화계 전체로 보면 발전이 있을까? '찐팬' 입장에서야 재미있겠지만, 원작의 재미를 확인하는 수준에 그치기 쉽다. 더욱이 애니메이션을 실사영화로 만들 때 일본 팬들은 원작의 내용을 각색하는 걸 싫어하고, 원작 캐릭터와 닮은 배우 기용을 요구한다고 한다. 영화만의 창의성이 발휘될 여지가 별로 없다. 또 시리즈다 보니 해마다 비슷비슷한 패턴의 작품이 계속된다. 새로운 팬을 끌어들이지 못하는 '그들만의 영화 리그'로 굳어지고 있다는 이야기다.

오늘날 독특한 일본의 영화시장 구조를 만든 주역은 '제작위원회'다. 제작위원회 시스템은 영화사를 비롯해 방송사, 출판사, 광고회사 등 다양한 분야의 회사들이 단기 조합을 만들어 공동투자하고 공동제작하는 방식이다. 현재 일본 상업영화의 99%가 제작위원회 방식으로 제작되는데, 무엇보다 흥행 실패의 부담을 나눌 수 있다는 게 큰 장점이다. 전문성과 효율도 극대화할 수 있다.

그러나 얼핏 보면 상당히 합리적으로 보이는 제작위원회 시스템은 일본에서 '창작 영화 기근의 원흉'으로 지목된다. 실패 부담의 분산과 효율성을 너무 중시하다 보니, 원작 고정 팬이 있는 '안전한 영화'만 만든다는 비판이다. 오리지널 작품이라는 모험을 회피하기 때문에 참신하고 다양한 영화가 제작될 수 있는 생태계 조성에 걸림돌이 되고 있다. 또 여러 회사가 얽혀 있어 사공이 많다는 점, 그런데도 만장일치를 추구한다는 점도 창작이라는 '대담한 기획'을 어렵게 하는 요인으로 꼽힌다. 일본 영화계에서는 이런 고질적인 시스템 때문에 "볼 만한 일본 영화의 씨가 마르고 있다."는 탄식이 나온다.[3]

'찬란했던 일본 영화의 과거'를 기억하는 영화 팬에게는 이런 탄식이 참 낯설다. 1896년에 아시아에서 처음으로 영화를 시작한 일본은 1950년대 중반 황금기를 맞이했다. 자유로운 사회 분위기와 경제성장 속에 꽃을 피우면서 세계의 주목을 받았다. 구로사와 아키라黑澤明, 미조구치 겐지溝口健二, 오즈 야스지로小津安二郞 등 걸출한 거장이 맹활약했다. 스티븐 스필버그나 장 뤼크 고다르 같은 감독이 일본 명장들을 '스승'으로 추앙할 정도로 세계 영화계에 신선한 자극을 줬고, 그들의 작품은 지금도 불멸의 명작으로 극찬받고 있다. 양적으로도 1958년에 요즘 일본 연 관객의 10배에 해당하는 11억 2,000여만 명이 극장을 찾을 정도로 일본 영화는 전성기를 누렸다. 이후 TV·VCR의 보급과 레저의 다양화 등으로 침체를 겪었지만, 각종 세계 영화제 수상과 창의

일본이 선진국이라는 착각

적이고 실험적인 독립영화계의 활성화 등으로 상당한 영향력과 존재감을 발휘해왔다.[4]

그러나 1990년대 거품경제의 붕괴와 장기불황의 돌입 이후에는 일본 영화계도 고전을 면치 못하고 있다. 2000년대 초중반 '반짝 중흥'이 있었지만, 뚜렷한 내리막길에 들어섰다는 평이다. 물론 외형적으로는 2019년 기준 약 24억 달러 규모의 세계 3위 영화시장이 건재하고 자국 영화의 시장점유율이 외화를 앞서는 몇 안 되는 나라지만, 안팎으로 과거의 영광이 빛을 잃은 정체된 시장이라는 진단을 받는다. 실제 2017년 기준 일본 국민의 1인당 평균 영화관람 횟수는 1.4회로, 미국 3.4회와 프랑스 3.2회, 한국 4.3회에 비해 현저하게 낮다.[5] 이 수치는 최근 10년 넘게 변화가 없다. 비판은 앞서 지적한 '지나친 팬덤 마케팅에 따른 다양성과 창의성의 실종'과 '내수시장에 지나치게 의존하는 갈라파고스화의 심화'로 요약된다.

특히 제작위원회가 집중포화를 맞고 있다. 위의 비판과 더불어 제작위원회의 폐쇄성과 모호한 저작권 문제도 단골 비판 메뉴다. 그러나 제작위원회 관계자들은 억울해한다. 안정적으로 자금을 조달해주는 그들의 시스템 덕분에 1990년대 영화산업의 불황을 헤쳐 나왔다고 항변한다. 지금 일본 영화산업의 구조상 뾰족한 자금 조달 대안이 없는 것도 사실이다.

진짜 문제는 다들 문제점을 잘 알면서도 선뜻 개혁에 나서지 않는다는 점일 것이다. 체질을 바꾸지 않으면 서서히 망할 수밖에 없다는 위기의식을 느끼면서도, 안이하게 그대로 그 자리에 머무르려 한다. 새로운 시도보다는 익숙한 선택을 반복한다. 뛰어난 인재가 빠져나가고 악순환이 계속되는 상황을 목격하고도 눈을 감고 있다. 일본 영화계는 활력을 잃은, 무언가 동력이 꺼진 것 같은 오래된 성城을 떠올리게 한다.

황금기를 구가했던 '일드'의 쇠퇴

2020년 《아사히신문》과 《니혼게이자이》 등 일본 언론이 '제4차 한류 붐'이 불고 있다고 연일 보도했다. 붐의 근원지로 한국 드라마를 거론하며, 특히 〈사랑의 불시착〉이 2004년 '제1차 한류 붐'을 일으킨 드라마 〈겨울연가〉와 견줄 정도로 인기를 끌고 있다고 전했다. 많은 일본 방송에서도 경쟁적으로 〈사랑의 불시착〉 붐을 소개했다. 심지어 한 프로그램은 북한 전문가까지 불러 드라마에 묘사된 북한의 모습이 어디까지 사실에 가까운지를 분석했다. 우익인사와 보수적 정치인조차 팬임을 밝힐 정도로, 중장년 남성 시청자들로부터도 뜨거운 호응을 받았다. 한 해를 결산하는 〈2020년 신조어·유행어 대상〉 후보에도 〈사랑의 불시착〉과 '4차 한류 붐'이 포함됐다. 일본식 표현을 빌리자면 '사회

현상화', 즉 신드롬급의 열풍을 부른 셈이었다.[6]

일본 언론은 성공 요인으로 먼저 글로벌 OTTOver-The-Top 플랫폼인 넷플릭스Netflix의 급성장과 코로나19 팬데믹으로 인한 자숙기간(사회적 거리두기)의 연장 등을 들었다. 한국 드라마는 2020년 일본 넷플릭스에서 '가장 화제가 된 작품 상위 10위'의 절반을 휩쓸 정도로 인터넷 플랫폼을 타고 인기를 얻었다. 일본에서 넷플릭스는 2015년 첫 서비스를 시작한 뒤 2019년 9월에 유료회원 수 300만 명, 1년도 안 된 2020년 8월에 500만 명을 돌파할 정도로 가파르게 영향력을 넓히고 있다. 그리고 마지막으로 한국 드라마의 높은 글로벌 경쟁력을 꼽았다. 《아사히신문》은 "한국의 문화 콘텐츠가 전 세계에서 통하는 높은 수준까지 도달했다."라고 극찬했다. 더불어 일본 드라마의 '상대적 부진'도 다시 주목을 받았다. 드라마는 영화만큼의 호된 비판을 받지는 않았지만, 과거 전성기와 비교해 양질의 작품이 사라지고 있다는 목소리가 커지고 있다.

일본 드라마의 황금기는 1980년대 후반부터 1990년대다. 5개의 민영방송사가 치열한 시청률 경쟁을 벌이면서 좋은 드라마를 많이 제작했다. 개인적으로도 이때 방송된 일본 드라마를 보면서 본격적으로 일본어를 공부했다. 처음에는 교재 삼아 학원에서 비디오테이프를 빌려 보기 시작했는데, 나중에는 그냥 재미에 흠뻑 빠져 보곤 했다. 인간의 심리를 섬세하게 묘사해, 문화를 뛰어넘어 공감을 자아내는 수작이 적지 않았다. 당시 일본 드라마는 한국뿐만 아니라 아시아의 많은 국가에서 열성적인 '일드 팬'을 양산했다.

그러나 2000년대 들어 확실히 예전만큼의 명성을 누리지 못하고 있다. 개인적으로도 최근 작품 중에는 NHK 대하드라마 이외에 별다른 인상이 남는 작품이 없다. 일본 방송계 내부의 비판은 크게 두 가지다. 하나는 모든 일본 문화 콘텐츠에 공통된 지적이기도 한 '지나치게 내수 위주'라는 점, 다른 하나는 '고령층 위주여서 청년층의 외면을 초래'한다는 점이다. 두 비판을 한 문장으로 정리하면, "과거 방식을 되풀이하면서 현 상황에 안주한다."로 요약할 수 있다. 일본 방송계도 이 문제를 심각하게 고민하는 듯하다. 대표적으로 일본 NTV日本テレビ는 젊은 시청자를 잡기 위해 드라마 포맷과 내용을 바꾸는 실험을 계속 시도하는 중이다. 시청률 지표도 기존의 세대 시청률에서 개인 시청률로 바꾸는 결단을 단행했다.

그런데도 뚜렷한 성과를 거두지 못했다. 가장 큰 걸림돌로는 광고 판매 중심의 비스니스 모델에서 크게 벗어나지 못하고 있다는 점이 꼽힌다. 일본 민영방송의 수익구조에서 광고는 여전히 83% 이상을 차지한다. 그런데 2000년대 들어 불황으로 광고 수입이 정체된 데다, 2019년에는 인터넷 광고비가 TV 광고비를 앞질렀다. 드라마 제작비가 갈수록 줄어들 수밖에 없는데, 일본

민영방송의 덩치가 너무 커서 과감하게 수익구조 개선에 나서지 못하고 있다.[7]

일본 시청자들이 기존 프로그램 포맷에 대한 충성도가 높다는 점도 '모험'을 주저하게 만들었다. 중장년 시청자를 위해서는 형사·의학 드라마를 배치하고, 젊은 시청자를 위해서는 아이돌 출신 배우를 기용해서 만화와 같은 스토리텔링을 구사하는 방식을 반복하는 중이다. 특히 시청률 경쟁 때문에 쟈니스ジャニーズ처럼 인기 아이돌을 많이 보유한 대형기획사가 캐스팅 주도권을 쥔 점도 드라마 완성도 저하로 이어지는 주요인이라는 지적이다. 전업 배우보다 아무래도 연기 실력이 높지 않은 아이돌 출신 배우가 주연으로 캐스팅돼 '발연기'를 펼치는 경우가 잦아서다.[8]

일본 드라마의 완만한 쇠락을 보면서 동병상련을 느낀다. 한국 지상파 방송사도 일본 민영방송과 유사한 수익구조여서, 정도만 다를 뿐 같은 문제로 고심하고 있기 때문이다. 한국은 일본보다 미디어 환경의 변화가 더욱 빠르고 격해서, 지상파가 어떻게 살아남을까 매일 '생존 전략'을 찾느라 안간힘을 쓰고 있다. 특히 지금 시점에서 막대한 자금력과 전 세계 2억 4,000만 명의 이용자를 가진 '콘텐츠 블랙홀' 넷플릭스 같은 글로벌 OTT 대응책을 찾기 위해 분주하다.[9]

광고가 산업의 동력이었던 미디어 시장은 이제 콘텐츠가 중심인 시장으로 바뀌는 중이다. 글로벌 OTT와의 협업도 선택지

일본 드라마의 황금기는 1980년대 후반부터 1990년대다. 일본 방송계 내부에서는 2000년대 들어 시장이 위축된 원인으로 지나친 내수·고령층 위주의 기획을 짚는다. 사진은 1996년 후지TV에서 방영했던 인기 드라마 〈롱 베케이션〉의 한 장면.

로 두고, 드라마는 이제 방송용 콘텐츠가 아니라는 현실도 받아들여야 한다. 한국 지상파 방송사들의 대처가 기민하다고 할 수는 없지만, 일본 민영방송은 아직 과거의 단꿈에서 덜 깬 듯하다. 여전히 단단히 걸어 잠글 수 있을 거라고 믿는 이도 적지 않은 것 같다. 볼 만한 드라마가 없다는 시청자들의 불만을 허투루 들어 넘기기에는 상황이 녹록지 않다.

과거의 영광에 연연하는 J-POP

2020년 11월 일본의 '국민 아이돌' 아라시嵐의 멤버 마쓰모토 준松本潤의 발언이 논란이 됐다. 그는 미국 연예 전문지와의 인터뷰에서 "K팝의 뿌리는 쟈니스"라고 주장했다(아라시는 쟈니스 소속이다). J팝이 전성기를 누렸던 시절, 한국 연예계에 영향을 준 것은 사실이다. 그렇지만 미국 팝의 영향과 비교하면 그야말로 '벤치마킹'에 불과했다. 더욱이 K팝은 서태지와 아이들을 시작으로 1990년대 후반부터 독자적으로 발전에 발전을 거듭해서, 이제 J팝과는 거의 연관이 없는 하나의 장르로 인정받고 있다. 'J팝의 유산' 운운하는 것은 너무 많이 나갔다.

마쓰모토 준의 말에서는 자신감보다 K팝의 성공에 대한 위기의식이 느껴진다. '과거의 영광'까지 끌어들이는 대목에서는 초조함마저 엿보인다. 그럴 만도 한 것이, 일본에서 K팝은 이제 붐이라고 표현하기도 어려울 정도로, 일본 청년층의 주류 문화로 탄탄히 자리 잡았기 때문이다. 특히 일본인 멤버가 여럿 포함된 걸 그룹 트와이스의 성공 이후 세계 음악시장에서 성공하려면 K팝 가수가 되어야 한다는 인식이 생기면서, 한국 유학을 결정하는 일본의 10대가 많아지고 있다고 한다. 한국이 '엔터테인먼트의 본고장'으로 대우받고 있다는 보도도 심심찮게 나온다.[10]

그러나 일본에서 K팝이 성공한 데는 마쓰모토 준이 속한 소속사 쟈니스가 이바지(?)했다는 일본 내 분석이 적지 않다. 남녀 아이돌 업계를 사실상 각각 독점해온 쟈니스와 AKB48 그룹의 구태의연한 모습이 일본 젊은 세대를 실망시켰고, 이들이 K팝으로 눈을 돌리는 데 결정적인 계기가 됐다는 해석이다. K팝 자체의 매력이 아닌 자국 중심의 설명이긴 하지만, 그들이 어떤 모습을 보여왔기에 싫증이 났다는 진단까지 나오는 걸까?

먼저 일본의 독특한 아이돌 문화부터 짚어야 한다. 일본 아이돌의 공연 모습을 처음 본 한국인은 대개 "왜 댄스는 율동 같고 노래도 못 하지? 아이돌 맞아?"라고 반응한다. K팝 그룹의 '칼군무'와 가창력에 익숙하다 보니, 아마추어와 같은 그들의 모습이 낯설기 때문일 것이다. 그런데 이 '서투름'이 일본 아이돌 문화의 핵심이다. 완성된 '스타'가 아닌 미완성의 '아이돌', 그래서 응원하고 싶은 대상이 일본 아이돌이다. 실력은 부족하지만 열심히 노력하는 모습을 보여야 한다. 그래서 한 일본 사회학자는 일본 아이돌을 향한 특이한 정서의 뿌리를 고교야구 대회인 고시엔甲子園에서 찾기도 한다. 미숙하지만 온 힘을 다해 한계를 뛰어넘으려 애쓰는 10대의 모습에 응원을 보내고, 그들의 성취에 대리만족을 느낀다는 점에서 같다는 것이다.[11]

이런 일본 아이돌 문화의 '정통 계보'를 잇는 그룹이 AKB48이다. 일본 아이돌 문화의 시발점인 1970년대의 슈퍼 여성 아이돌들, 1980년대에 활약한 '오냥코클럽ぉニャン子クラブ' 그리고 1990년대 결성된 '모닝구무스메モーニング娘'의 주요 특징을 계승해 2005년 탄생한 걸 그룹이다. 멤버가 300명이 넘는 대가족으로, 기존 아이돌 문화 공식대로 '성장형 아이돌'을 표방하고 '일본의 3대 선거'라는 우스갯소리가 나오는 선발 총선거와 악수회라는 독특한 제도로 유명하다.[12]

그러나 AKB48은 지나친 상술로 비판을 받고 있다. 특히 멤버의 서열을 공개적으로 결정하는 총선거가 집중포화를 받는다. 앨범마다 한 장의 투표권을 주는 방식인데, 자신이 응원하는 멤버가 상위권에 들도록 몰표를 주기 위해 수백 수천 장의 앨범을 사는 일이 빈번하게 발생해 물의를 빚기도 했다. 팬들의 응원하는 마음을 '머니게임'으로 연결한 셈이다. 젊은 세대는 이런 '돈이 드는 아이돌'에 반발하고 있다.[13]

다른 하나는 폐쇄성이다. 대표적인 것이 쟈니스가 보여주는 집착에 가까운 지식재산권 보호다. 쟈니스의 초상권과 저작권 관리는 엄격하기로 유명한데, 개인적으로 놀랐던 일화 두 가지가 있다. 하나는 일본 유명 잡지의 홈페이지에 소개된 역대 표지를 보다가, 유독 쟈니스 소속 연예인의 사진만 하얗게 처리된 기이한 모습을 봤을 때였다. 초상권 보호 때문에 쟈니스 소속 아이돌은 자료사진으로도 쓸 수가 없어 벌어진 일이었다. 다른 하나는 마쓰모토 준이 화장품 모델을 한 적이 있는데, 계약기간이 끝나자 쟈니스 사무소 직원이 상점을 일일이 돌아다니며 포스터를 회수한 일이었다. 이 정도니 공짜나 다름없는 유튜브를 허용할 리가 없었다. 일본 음악 업계 전문가들은 K팝의 전략적인 '느슨한 저작권 관리'와 비교하며, 쟈니스가 세계 음악 업계의 새로운 흐름을 읽지 못하는 바람에 J팝의 쇠퇴를 불러왔다고 비판했다.

그랬던 쟈니스가 2018년부터 변했다. 소속 연예인 사진의 사용을 일부 허락하고, 소속 연예인의 SNS 사용금지도 풀고, 심지어 유튜브에 뮤직비디오를 올리기 시작한 것이다. 그만큼 K팝의 성공에 자극받은 것이다. 그러나 지금까지 효과는 영 신통치 않다. 쟈니스가 알맹이를 놓치고 있기 때문이다. 먼저 '소통의 진정성'이다. 쟈니스는 분명히 K팝 성공방식을 모방했지만, 그 내용을 들여다보면 형식만 따라 했다는 인상을 준다. 그들은 쌍방향 소통이 무엇인지, 팬과의 협업과 공감이 얼마나 중요한지 아직 잘 이해하지 못하는 것 같다. BTS(방탄소년단)의 성공은 단지

SNS의 적극적 활용만이 아니다. 오랫동안 또래의 팬들이 고민하는 것을 진술한 가사로 쓰고, 진심이 담긴 메시지를 솔직하게 이야기함으로써 '진짜 공감대' 형성에 이를 수 있었다.

다른 하나는 절박함이다. 취재하면서 친해진 K팝 관계자들로부터 해외 진출 당시의 '짠 내 나는' 고생담을 들을 기회가 많았다. "아, 화려함 뒤에는 이렇게나 눈물겨운 노력이 있었구나." 싶을 정도로 생존을 위한 시행착오와 분투의 연속이었다. 아무도 알아봐주지 않는 변방의 음악이었기에 조금이라도 눈길을 끌기 위해 절실히 노력했다. 척박한 환경인데도 그런 '피 땀 눈물'을 쏟았기에 거대한 벽을 차례로 넘어설 수 있었다. 30년 넘게 세계 2위의 음악시장에서 충성도 높은 팬들과 함께 '안정적인 J팝 왕국'의 호사를 누렸던 그들이, K팝의 절실함을 이해하고 벤치마킹할 수 있을까.

누가 격렬한 콘텐츠 전장에서 생존할 수 있을까

영화와 드라마, J팝을 중심으로 문제점을 지적했지만, 일본 문화 콘텐츠 업계는 여전히 저력이 넘치는 곳이다. 출판·만화 왕국답게 원작이 풍부하고 대중음악의 저변도 넓다. 무엇보다 문화 콘텐츠에 돈을 쓸 소비자가 많고, 세계적으로 일본 문화에 열광하는 팬들이 건재하다. 반면 우리의 기반은 상대적으로 빈약하다. '좁은 내수시장'이라는 치명적인 약점은 언제나 업계를 위태위태하게 만든다. 정치·외교 변수에도 취약하고 업계의 양극화와 독과점 문제도 심각하다. 아차 하면 낭떠러지다. 더욱이 코로나19로 2020년 영화산업의 피해만 3조 원이 넘고, K팝 업계는 수익이 90% 줄어들 정도로 타격이 큰 상태다.

그런데도 한국과 일본 두 개의 문화 콘텐츠 업계 중 어디에 내 돈을 투자할 거냐고 묻는다면, 주저 없이 한국을 선택하겠다. 무엇보다 콘텐츠 시장은 예측할 수 없는 도깨비시장이 되어버려서 유연성과 창의성이 중요해졌기 때문이다. 얼마 전 유력했던 이론이 오늘은 구닥다리 취급을 받는다. 업종 간의 경계도 희미해져 누가 적인지 아군인지 모르는 '개와 늑대의 시간'이 계속되면서, 인수·합병과 다른 업종과의 결합도 불사하지 않으면 생존을 장담할 수 없다. 이런 살벌한 환경에서 여전히 '안정적이지만 성장 전망이 잘 보이지 않는' 일본에 투자하는 것이 더 위험하지 않을까?

문화 콘텐츠 시장에서 확실한 진리는 "콘텐츠는 왕"이라는 것뿐이다. '동시 배급-동시 소비'되는 구조에서, 누구든 좋은 걸 만들어야 콘텐츠 소비자의 마음을 잡을 수 있다. 보장되는 것은 아무것도 없다. 살아남는 자가 강자다. '뉴 노멀New Normal' 시대에 K콘텐츠가 생환하기만을 간절히 바랄 뿐이다.

18

나이키 광고가
일본에서 논란을 일으킨 이유는

세계적인 스포츠 브랜드 나이키가 2020년 11월 유튜브에 올린 2분짜리 광고 영상이 일본에서 큰 파장을 일으켰다. 영상의 주제는 일본 학교 내 차별과 따돌림으로, 학교에서 차별과 이지메에 시달리는 10대 소녀 축구선수 세 명이 등장했다. 각각 재일교포와 흑인 혼혈 학생, 일본인 학생으로 모두 학교에서 괴롭힘을 당하지만 같은 팀에서 축구 경기를 하면서 용기를 얻는다는 내용이다. 특히 재일교포 여학생이 입고 있는 운동복 뒷면에는 '야마모토'라는 일본식 성이 영문으로 적혀 있지만, 광고 막바지

에는 그 위에 '김KIM'이라고 덧댄 뒤 당당히 걸어가는 장면이 나와 우리 가슴을 뭉클하게 한다.[14]

해당 광고의 유튜브 조회 수는 공개 사흘 만에 930만 건을 돌파할 정도로 큰 관심을 끌었고, 일본 언론에서도 보도가 이어졌다. 해당 영상은 2021년 5월 현재 '좋아요'가 9만 5,000건 달렸지만, '싫어요'도 7만 3,000건 달렸다. 적지 않은 일본인이 "나이키가 일본을 나쁜 국가로 묘사했다." "일본에 차별은 없다."며 불만을 터트렸다. 일부 누리꾼은 SNS 등에서 나이키를 '반일反日 기업'이라고 비난했고, 불매운동을 언급하는 등 거세게 반발했다. 나이키 광고는 노이즈 마케팅을 노린 얄팍한 상술이었을까?

2013년 8월 광복절을 전후해 일본의 혐한 시위 현장을 취재했다. 보도제작 프로그램 〈현장 21〉의 "누가 혐한에 맞서는가" 편의 제작을 위해서였다. 당시 극성을 부리던 혐한 시위대와 이에 맞서는 일본 시민단체 활동가들을 만나 그들의 목소리를 담았다. 현장에서 부딪친 혐한 시위대의 광기는 충격이었다. "한국인을 죽여라!"라는 극단적인 혐한 구호를 아무렇지도 않게 내뱉었고, 인터뷰를 한 시위대 주동자는 비상식적인 논리와 언행으로 한국에 대한 증오와 저주를 퍼부었다.

서점에도 혐한·혐중 서적이 넘쳐났다. 일본 서점은 인기가 좋은 책을 모아 한편에 특별 코너를 만드는데, 혐한·혐중 서적 코너가 마련돼 있는 곳이 많았다. 근거나 논리가 있다기보다 그냥 한국과 중국에 대한 무차별 비난으로 가득 찬 것이었다. 이후 해마다 발표하는 일본 베스트셀러 순위에서 혐한·혐중 서적이 항상 윗자리를 차지했다.

쓸쓸하고 당황스러웠다. 내가 경험했던 일본은 한국인에 대한 증오가 판을 치는 곳이 결코 아니었기 때문이다. 나는 일본에서 생활하는 동안 따뜻하고 친절한 일본인 지인들 덕분에 행복하게 지낼 수 있었다. 어떻게 극단적인 혐오와 차별로 가득한 시위대가 도심에서 버젓이 시위를 벌이고, 서점은 혐한·혐중 책으로 가득 차는지 이해가 되지 않았다. 한국의 반일 정서가 아무리 강하다고 해도 저 정도는 아니었다. 반일 시위에는 과거사와 망언 등 논점이 있었지, 그냥 "일본인 죽어라!"가 구호는 아니었고 서점이 혐일 서적으로 채워진 적도 없었다. 일본인의 혐한·혐중 정서의 뿌리는 얼마나 깊은 것일까? '일본 오리엔탈리즘'으로 불리는 일본의 인종주의와 차별의 역사를 살펴보자.

일본 우익은 왜 '중국' 대신 '지나'라고 부르는가

일본 우익을 취재하다 보면 그들이 중국을 가리킬 때 꼭 쓰는 단어가 있다. '지나支那, 일본어 발음은 '시나'라는 말이다. 이는 일본인이 중국을 얕잡아볼 때 쓰는 말로, 마치 한국인을 '조센진朝鮮人'

이라고 부르는 것과 같은 뉘앙스다. 원래 '지나'라는 말은 있었지만, 일본에서 비하의 뜻을 넣어 부른 것은 청일전쟁 이후였다. 일본계 미국인 사학자 스테판 다나카Stefan Tanaka는 '지나'로 바꿔 부른 데는 일본은 근대화에 성공한 우월한 나라, 중국은 반半식민지 상태에 빠진 열등한 국가라는 것을 강조하려는 의도가 있다고 봤다. 세계의 중심을 뜻하는 '중국'이란 명칭은 일본이 중화문화권의 한 부분이라는 사실을 떠올리게 해서 근대국가로서 일본인이라는 정체성을 형성하는 데 방해가 됐기 때문이라는 것이다.[15]

'지나'라는 단어는 일본 오리엔탈리즘이 어떻게 작동하는지를 보여준다. "서구에는 열등감, 아시아에는 우월감"이라는 상반된 인식이다. 서구 오리엔탈리즘과 마찬가지로 세계를 '서양=문명=진보/동양=야만=후진'의 이분법으로 구별하고, 자신을 문명의 세계로 슬쩍 넣는다. 또 이를 통해 일본의 아시아 지배를 이데올로기적으로 정당화할 수 있었다. 하지만 스스로 '검은 머리를 한 서양인'으로 인식하는 일본인의 기묘한 정체성은 종종 분열을 일으켰다. 항상 서구 열등감에 시달리고 서양의 인정을 갈망하는 구조일 수밖에 없기 때문이다.

일본인이 당시 서구에 가졌던 열등감은 다양한 형태로 표출됐다. 1919년의 파리강화회의를 묘사한 일러스트레이션 〈5대국의 태도〉는 상징적이다.[16] 당시 일본도 평화조약의 조항과 국제

연맹 설립에 중심적인 역할을 한 덕분에 '5대국' 중 하나로 인정 받았다. 눈에 띄는 점은 일본을 다른 서구 열강보다 작게 그렸다 는 것이다. 그림에서조차 자기검열을 해버린 나머지 왜소하게 그릴 수밖에 없었던 일본의 모습은, 당시 서양 앞에서 한없이 위 축된 일본인의 심리를 상징적으로 보여주는 것이었다.[17]

여행에서도 일본의 이분법은 노골적이었다. 1929년 미국인 기자 11명이 일본 외무성 등의 초청으로 96일간 일본 여행을 했 다. 일본뿐만 아니라 조선과 만주를 강행군 하는 일정으로, 일본 이 거둔 근대화의 성과를 선전하기 위한 장소로 채워져 있었다. 일본 정부는 도쿄가 얼마나 근대적인 도시인지 미국 신문에 대 대적으로 보도되길 바랐다. 하지만 미국 기자들에게 그것은 따 분하기 그지없는 것이었다.

이 일화처럼 당시 일본의 서양 여행객 유치는 상업적인 이 유보다 외교적인 목적이 강했다. 일본 정부는 서양 여행객을 위 한 각종 편의 제공에 열심이었다. 1930년대에 시작돼 지금도 계 속되고 있는 도쿄 버스 투어가 대표적이다. 당시 일본은 서양인 에게 보여주고 싶은 일본의 근대화 명소로 하루 8시간의 코스를 빽빽이 채웠다. 서양의 인정과 칭찬은 당시 양보할 수 없는 '관 제 여행'의 첫 번째 목표였다.

반면 아시아인에게는 여행을 통해 우월감을 맛보려는 의도 를 노골적으로 드러냈다. 1887년부터 타이완총독부는 타이완 원

1919년의 파리강화회의를 묘사한 일러스트레이션 〈5대국의 태도〉에서 눈에 띄는 점은 일본을 다른 서구 열강보다 작게 그렸다는 것이다. 당시 서양 앞에서 한없이 위축된 일본인의 심리를 상징적으로 보여주고 있다.

주민 단체를 도쿄 시찰단이란 이름으로 초청했다. 이른바 '내지
內地 관광'이 체계적으로 실시됐는데, 사실상 일종의 '인종' 전시
물로 삼았다. 원주민은 항상 경찰의 경호를 받아야 했으며, 그들
이 끌려간 장소는 총탄 공장과 병기창 등 군사와 관련된 곳이 압
도적이었다.[18]

당시 일본의 인종주의적 태도는 다른 서구 제국주의 국가들
의 시각을 그대로 이식한 수준이었다. 프랑스는 1889년 파리 만
국박람회의 인간 전시로 큰 비난을 받았다. 이때 프랑스는 식민
지 원주민 여러 명을 박람회장에 데려와 박람회가 개최되는 동
안 울타리가 둘러쳐진 식민지촌 안에서 생활하게 했고 이를 전
시했다. 자기와는 다른 인종의 열등성을 가장 비인간적인 형태
로 보여준 진짜 '야만'의 극치였다.

일본 역시 1903년 오사카에서 열린 박람회에서 비슷한 만행
을 저질렀다. '학술 인류관'이라는 코너에 아시아의 인종을 모아
풍속, 기구, 생활상 등을 실제로 보여준다는 명목을 내세워 조선
인 2명을 포함해 11개 민족, 32명의 남녀가 일정한 구획 안에서
생활하는 모습을 전시했다. 당시 조선인과 중국인의 거센 항의
를 받아 철회됐지만, 일본은 1907년 도쿄 박람회에서도 같은 짓
을 반복했다. '조선관' 코너에 조선인 남녀를 생활하게 하고 놀
림거리로 삼은 것이었다. 이를 본 도쿄 유학생들의 항의로 치욕
스러운 전시는 철회됐지만, 당시 서구를 모방한 일본의 인종주

의가 얼마나 심했는지를 알 수 있는 대목이다.

일본 대중에게 서구 인종주의를 빠르게 전파한 매체는 세계지리서와 대중 계몽서였다. '메이지 시대 3대 저서'로 꼽히는 세계지리서에 실린 삽화는 일본의 인종주의를 전형적으로 드러낸다. 세계지리서는 지역별로 여러 삽화를 실었는데, 대체로 야만 지역에는 토인이나 자연 배경을 그려 넣은 것과 달리, 유럽 지역에는 멋진 건축물이나 첨단 문물인 철도에 옷을 잘 차려입은 서양인을 그려 넣었다. 이 삽화는 프랑스 여행 잡지 도판을 복사한 것이었다. 서양의 인종 편견을 일본이 그대로 수입해 교육에 열을 올린 셈이었다.

또 일본 개화기의 대표적인 사상가로 일본인의 세계관에 큰 영향을 미쳤다는 후쿠자와 유키치는 지리서에서 백인종에 관해 "정신이 총명하며, 문명의 극도에 달할 만한 소성素性, 성품이 있다. 이를 인종 중 최고라 한다."고 극찬했지만, 흑인종은 "신체가 강건하여 일을 열심히 하지만, 본성이 게을러서 개화 진보의 맛을 알지 못한다."고 설명했다. 또 유럽을 아름다운 '문명'의 본산으로 찬양했지만, 그 외 나라는 '무지, 혼돈의 세계'로 서술했다.[19]

이런 일본 출판계의 인습은 꽤 오랫동안 이어졌다. 일본의 만화, 소년잡지, 학교 교과서에 등장하는 동남아시아와 타이완의 이미지는 항상 토인과 야만인이었다. 또 중국인은 '쿨리(하층 노동자)'로 표상됐다. 주지하다시피 일본 출판계의 강한 영향권 아래 식민지 조선, 해방 이후 한국의 출판계는 이런 잘못된 관행을 비판 없이 받아들였고, 한동안 그대로 인종주의적인 편견을 재생산했다.

날조된 야만, '오봉 이야기'

어떤 식으로 인종주의가 재생산됐는지를 보여주는 대표적인 사례가 '오봉吳鳳 이야기'다. 오봉 이야기는 1975년부터 1989년까지 우리 고등학교 국어 교과서에 실린 손명현의 수필 〈어떻게 살 것인가?〉에 소개되면서 우리에게도 널리 알려졌다. 오봉이라는 선교사가 타이완 아리산 원주민의 인신공양 풍습을 본인의 살신성인으로 고쳤다는 감동적인 이야기였다. 15년 동안 교과서에 실렸던 글인 만큼 40~50대는 많이 기억하고 있을 것이다.

그러나 이 이야기는 명백히 날조된 것으로, 거듭해서 식민지가 되었던 타이완의 슬픈 역사가 고스란히 배어 있다. 실제 인물인 오봉은 청나라 복건성 사람으로서 타이완의 관리로 부임했고, 한족과 원주민 간의 분쟁 과정에서 한족을 보호하려다 죽음을 맞이했다. 청나라에는 충신일지 몰라도 살신성인으로 원주민의 존경을 받는 인물과는 거리가 멀다. 어떻게 이야기가 바뀐 것일까?

오봉 이야기가 날조된 배경에는 타이완총독부가 있다. 청일 전쟁에서 승리한 일본은 1895년 타이완을 할양받아 식민지로 삼았다. 그러나 타이완 원주민의 강력한 저항에 부딪히자 그로부터 10년 동안 무력 진압정책을 펼쳤다. 무력 진압 이후에는 유화정책으로 돌아섰고, 바로 이때 등장한 게 날조된 오봉 이야기였다.

과정은 이렇다. 1904년 타이완총독부 민정장관이었던 고토 신페이後藤新平는 아리산을 시찰하다가 오봉 이야기를 접했고, 일본의 타이완 식민지배를 정당화하기 위한 하나의 장치로 '오봉 신화' 만들기 계획에 착수했다. 먼저 1912년 타이완 초등학교 교과서에 실은 다음, 이후 각종 공연과 다큐멘터리 영화로도 만들었다. 오봉 이야기는 일대 선풍을 일으켰다. '자기희생의 위인'은 감동적이면서 교훈적이었기 때문이다.

일제가 패전으로 물러났지만, 이후 들어온 장제스 국민당 정부는 또다시 대대적으로 '오봉 영웅화' 작업을 진행했다. 대륙에서 건너온 국민당 정부 역시 타이완 원주민에게는 일제와 마찬가지로 적대적인 대상이었고, 국민당 정부도 자신들의 통치 정당화에 오봉 이야기를 이용했던 것이다. 국민당 정부는 오봉 이야기를 1951년부터 1987년까지 타이완 초등학교 교과서에 실었고, 지역 이름도 오봉으로, 기차역 이름도 오봉역으로 바꿨다. 그러나 편견과 멸시에 시달리던 원주민이 1980년에 대대적인 '오봉 신화 거부 운동'을 벌였고, 결국 오봉 관련 고사는 교과서에서 삭제됐다.[20]

'탈아입구'의 딜레마

문명론과 인종주의는 서구 제국주의를 정당화하는 강력한 이데올로기였다. 인류의 문화가 생물처럼 야만에서 문명으로 진화한다는 사회진화론과 결합해, 생존경쟁과 우승열패優勝劣敗라는 힘의 논리로 식민지배를 합리화하는 데 활용됐다. 일본은 적극적으로 이를 수용했고 대외침략을 정당화했다.

1885년 후쿠자와 유키치가 발표한 '탈아脫亞론'이 대표적이었다. 그는 "일본은 이웃 나라의 개명을 기다려 함께 아시아를 일으킬 여유가 없다. 오히려 그 대오를 벗어나 서양의 문명국과 진퇴를 함께하여, 지나나 조선을 대하는 방법도 이웃 나라라고 해서 특별히 사정을 봐주지 말고 바로 서양인이 그들을 대하는 방식으로 처리하면 그만"이라고 주장했다. 아시아 이웃 나라들과 연대해 제국주의 열강에 대치하기는커녕 일본 자신이 열강과 함께 조선·중국을 침략·병합하여 식민지로 지배하겠다는 제국주의 선언이었다.[21]

일본은 근대화를 시작한 1860년대 이후 오늘날까지 정체성 문제로 혼동을 겪고 있다. 근대화 이전 일본을 규정하는 우물 안의 벽은 중국이었다. 근대화 과정에서는 영국과 독일 같은 유럽 국가가, 패전 이후에는 미국이 그 역할을 대신했다. 핵심은 자신을 아시아로 인식할 것인가 아니면 서구로 인식할 것인가이다. 아시아를 여전히 후진성과 동의어로 여기고, 오랫동안 아시아의 서구로 지내왔기에 명확한 입장이 없다. 일본은 전적으로 아시아적이지는 않다고 강변하면서, 동시에 아시아의 대표라고 단언하는 등 우왕좌왕하고 있다.

뿌리 깊게 형성된 우월감이 온전한 아시아로 복귀하는 걸 방해하고 있다. 국민적 단합의 도구로 쓰였던 아시아를 향한 경멸과 선민의식이 발목을 잡는 것이다. 일본이 아시아임을 강조할 때는 오직 유럽이나 미국과의 관계에서 삐걱거림을 느낄 때뿐이다. 일본은 지금도 아시아에서 탈출하기를 꿈꾸면서, 아쉬울 때만 아시아를 찾는 듯하다. 아시아는 일본이 이끌어가야 하는 지역이 아니다. 평등하고 대등한 관계로 받아들여야 진정한 동행이 가능할 것이다.

일본이 선진국이라는 착각

19

초대 문부대신이
'언어적 매국노'라고?

일본의 초대 문부대신에 올랐던 모리 아리노리森有礼라는 인물이 있다. 우리에게는 탐탁지 않은 이력이 있는데, 그가 이른바 일본의 '국가주의 교육' 또는 '천황제 교육'의 틀을 만들었기 때문이다. 모리는 교육의 목표를 애국심 배양과 천황 신격화로 삼았다. 육군에서 시행하던 병영 체조와 주번제도를 학교에 도입했고 조례도 만들었다. '기미가요' 제창과 〈교육칙어〉 낭독 의식, 천황 부부의 사진(이른바 '어진영御眞影')을 학교에 배포해 절하라고 강요한 것도 그였다.

모리에 관한 평가는 일본에서도 호불호가 갈리는데, 언어 측면에서는 단연 매국노로 비난받고 있다. 일본어를 폐지하고 영어를 일본의 국어로 채택하자고 주장했기 때문이다. '서양 숭배자'라서 그럴까? 그가 "일본 여자는 서양 남자와 결혼해 인종도 바꿔야 한다."고 말했다는 일화가 전해진다는 점에서 그런 면이 전혀 없다고 할 수는 없다. 하지만 언어학자들은 모리가 실용적인 이유에서 '일본어 폐지론'을 들고나왔다고 본다. 그의 평생 꿈은 하루빨리 일본이 서양을 따라잡는 것이었다. 하지만 '결점이 많고 빈약한 언어'인 일본어로는 도저히 불가능하다고 판단했다. 그래서 차라리 "일본어를 버리고 영어로 교육하는 것이 이득"이라고 생각했다는 것이다.

일본어 폐지를 주장한 이는 모리뿐만 아니었다. 동시대 적지 않은 일본 지식인이 비슷한 생각을 품었고, 이후에도 종종 같은 맥락의 발언이 이어졌다. 와세다대학교 총장을 지냈던 다카타 사나에高田早苗, 유명한 국가사회주의자 기타 잇키北一輝, '소설의 신'으로 불렸던 시가 나오야志賀直哉가 그랬다. 영어가 아닌 에스페란토나 프랑스어를 내세우기도 했지만, 모두 '불완전하고 불편한' 일본어에 좌절했다는 점에서는 일치했다. 다들 일본어가 아니었다면 일본은 훨씬 더 많은 진보를 이룰 수 있었을 것이라고 아쉬워했다.[22]

모국어를 바꾸자는 주장은 지금 봐도 너무 파격적이고 황당하다. 그만큼 일본은 서구화에 목맸고, 부국강병과 발전을 위해 무엇이든 희생할 준비가 돼 있을 정도로 필사적이었다.

'삼궤구고두'를 요구한 중국 vs 위기의식을 느낀 일본

일본의 서구화에 대한 목마름 뒤에는 강한 위기의식이 있었다. 가장 인상적인 에피소드가 1840년 아편전쟁 패배 이후 보였던 중국과 일본의 대조적인 반응이다. 항복을 받으러 베이징에 온 영국 사절단에게 중국 관료들이 집요하게 요구했던 것은 다름 아닌 '삼궤구고두三跪九叩頭'였다고 한다. 삼궤구고두는 세 번 무릎 꿇고 머리가 땅에 닿도록 아홉 번 조아리는 청나라 시대 황제에 대한 예법이었다. 오랑캐로 치부했던 영국에 처참히 졌지만 어이없게도 자존심 싸움을 벌인 것이다. 외부세계로부터 배울 것은 없다는 뿌리 깊은 오만함이 현실의 커다란 위협을 못 보게 만들고, 결국 멸망의 길로 이끌었던 셈이다.

반면 아편전쟁의 결과에 소스라치게 놀란 것은 일본이었다. 중국이 서양 오랑캐한테 그토록 무참히 당했다는 소식은 당시 일본의 세계관을 깨는 놀라운 사건이었기 때문이다. 마루야마 마사오는 아편전쟁이 아시아와 서양에 대한 일본인의 인식을 근본적으로 바꾸는 계기였으며, 이런 위기의식의 차이가 중국과

일본은 아편전쟁의 결과에 크게 놀랐다. 중국이 서양 오랑캐한테 그토록 무참히 당했다는 소식은 당시 일본의 세계관을 깨놓았기 때문이다. 일찍부터 중국 중심의 세계관에서 벗어나려 애썼던 일본은 아편전쟁을 계기로 서구 문물을 적극적으로 수용하기 시작했다.

일본의 향후 차이를 불러왔다고 평가했다.[23]

중국과 일본의 위기의식이 다른 점은 단지 관료의 수준 차이나 운의 문제가 아니었다. 일본은 일찍이 중국 중심의 세계관에서 벗어나려 애쓰고 있었고, 앞선 서양 문물에 충격을 받고 이를 배우기 위해 고심하고 있었다. 대표적인 흐름이 국학國學과 난학蘭學의 융성이었다. 아편전쟁은 이미 무르익었던 분위기에 단지 결정적인 한 방이었을 뿐이다.

이른바 국학은 18세기 일본에서 일어난 정체성 자각 운동이었다. 대표적인 국학자 오규 소라이荻生徂徠는 "우리가 읽고 있는 《논어》와 《맹자》는 외국어로 쓰어 있다. 우리는 옛날부터 번역해서 읽고 있을 뿐이다."라는 논지의 주장을 폈다. 지금 보면 너무 당연한 이야기인 것 같지만, 당시 한자가 전부인 문화권에서 한자를 외국어로 인식한다는 것 자체가 놀라운 발상의 전환이었다. 일본에서 중국 중심의 세계관은 이미 금이 가고 있었다.[24]

다른 하나는 네덜란드의 학문을 뜻하는 난학으로, 이미 네덜란드를 통해 다수의 유럽 책이 일본에 유입·번역되면서 서구 문화의 우수성이 널리 알려져 있었다. 상징적인 사건은 1774년에 서양 언어로 된 서적의 최초 번역서인 《해체신서解體新書》가 출판된 일이었다. 이 책을 통해 사람들은 서양 학문의 수준이 지금까지 일본 학문의 정통이었던 중국 학문보다도 훨씬 앞서 있음을 깨달았다. 많은 지식인이 네덜란드어를 배웠으며 네덜란드 책을 앞다퉈 번역했다. 일본의 대표적인 계몽사상가 후쿠자와 유키치도 처음에는 난학을 통해 서양을 접했다.

사실 서구 문물의 자극이란 측면에서는 중국이 훨씬 유리한 위치에 있었다. 하지만 앞선 아편전쟁에 대한 태도처럼 중국과 일본의 대처는 확실히 달랐다. 번역을 보더라도 중국 관리는 외국인이 구사하는 언어에 전혀 관심을 두지 않았다. 청 조정에서는 '오랑캐'인 외국인이 중화제국의 언어를 배워야 하고, 중국인은 외국어를 배울 필요가 없다고 믿었기 때문이다. 관료만이 아니었다. 광저우와 상하이에는 큰 규모로 외국인 사회가 만들어져 있었지만, 자신을 낮추고 '야만인'의 말을 배우려는 중국인 학자는 한 사람도 없었다. 중국인과 외국인 사이의 접촉은 여전히 대다수가 광저우 출신의 하인을 통해 중개됐다.

중국과 일본의 태도 차이는 교육 면에서도 차이를 불렀다. 일본은 1855년에 일본 최초의 외국어학교인 양학소洋學所를 창립했다. 이것은 같은 역할을 했던 청나라의 베이징에 있는 동문관同文館보다 7년 이른 것이었다. 도쿄대학교가 1877년에 창립된 데 비해, 중국의 교육개혁은 1904년에 와서야 시작됐다. 또 일본의 해외 유학생 파견도 중국보다 일찍 이뤄졌다. 최초의 일본인 유학생이 네덜란드에 파견된 것은 1862년이었는데, 중국은 1872년에 와서야 최초로 학생을 미국에 공식 파견했다.[25]

일본은 지배층이 앞장서서 적극적으로 서구 문물을 흡수했다. 도쿠가와德川 막부는 1860년 사절을 필두로 막부 통치 최후 8년간 7회에 걸쳐 구미 제국에 사절단을 보냈다. 막부에 대항했던 사쓰마薩摩번은 아예 지방정부 차원에서 대규모 유학 사절단을 유럽과 미국에 밀항시켰다. 1866년 막부가 유학 금지정책을 풀자 여러 번이 경쟁적으로 유학생을 보냈다. 1866년부터 1914년 사이에 서구로 간 약 2만 5,000명의 일본 유학생은 후일 각계의 지도자가 됐다.

막부를 무너뜨리고 들어선 메이지 정부는 훨씬 적극적이었다. 대규모 구미 시찰단인 '이와쿠라岩倉 사절단'이 대표적이다. 권력을 쥐고 겨우 4년도 지나지 않은 시기에 정권 지도자의 거의 반을 포함하는 100명이 넘는 정부 시찰단을, 그것도 2년이란 장기간에 걸쳐서 유럽과 미국의 문물을 보고 배워 오도록 했다. 이와쿠라 사절단은 제도와 행정은 물론이고 주택과 의복, 풍습 등 온갖 것을 일본에 들여왔다. 파격적이고 대담한 조치였다.

근대화는 '넓은 의미의 번역'이었다

일본이 서양 문명을 얼마나 열심히 흡수했는지는 입이 딱 벌어지는 정부 차원의 번역 규모를 보면 알 수 있다. '번역의 홍수'라고 할 정도로 정부가 나서서 수천 권을 번역했다. 부국강병이 우선 과제였기 때문에 처음에는 역사와 군사 분야에 치중했지만, 곧 별의별 책까지 다 번역했다. 문학과 예술 분야가 마지막 차례였음에도 이미 1883년에 미학 책까지 번역했을 정도다.[26]

말 그대로 '번역의 시대'였다. 일본 정부는 살아남기 위해서는 서양에 대한 정보 파악이 우선임을 절감하고 있었다. 근대화는 곧 서구화로 받아들여졌고, 이는 넓은 의미에서 서구의 번역을 의미했다. 일본은 자신들이 번역한 서구 문물과 제도를 낡은 국내 체제의 개혁에 쏟아부었고, 짧은 시간 안에 괄목할 만한 성과를 거뒀다.

그리고 1895년 청일전쟁 승리 이후 일본은 중국을 누르고 동아시아의 패권국으로 나섰다. 문화면에서도 중국과 일본의 지위는 역전됐다. 중국 학생이 '아시아의 선진국 일본'을 배우려 도쿄로 몰려들었다. 특히 청일전쟁의 충격으로 1898년 시작된 변법자강운동變法自強運動이 실패로 돌아간 뒤 일본은 중국 지식인의 제도개혁과 교육개혁의 모델이 되었다. 1905년과 1906년에 일본에 유학한 중국인 학생은 이미 8,000명을 넘어섰다. 일본 유학생을 통해 언어에서도 '역변逆變' 현상이 뚜렷해졌다. 일본에서 새로 만들어진 단어가 '번역어'로써 중국어 어휘로 수용돼갔다. 중국인은 오랫동안 중국의 학생이었던 일본이 스승으로 바뀌었다고 한탄했다.[27]

뼈아프지만 이쯤에서 당시 조선의 번역 이야기를 하지 않을 수 없다. 당시 조선은 일본과 비교할 수 없을 정도로 서양 번역에 대한 국가적·사회적 인식이 낮았다. 단적인 사례가 서양 문물을 소개한 번역서의 인기다. 후쿠자와 유키치의 저서 《서양사정西洋事情》 초판(1866)은 발행 부수가 15만 부, 해적판을 합치면 20만~25만 부나 됐다. 《서양사정》을 모방했던 유길준의 《서유견문西遊見聞》 초판(1895)이 1,000부도 팔리지 않았던 것과는 대조적이다.[28]

그만큼 변화를 받아들이는 자세에서 차이가 났다. 일본은 이미 적극적으로 번역을 할 만한 사회·경제적 토양이 조성돼 있었다. 위기의식은 그런 분위기에서 나온 산물이었다. "이거 큰일 났네!"라는 느낌을 구성원이 폭넓게 공유했다는 것 자체가 저절로 얻어질 수 없는 것이었다. 앞서 이야기했지만, 한자를 외국어로 인식했던 국학이라는 자각, 난학이라는 문화적 충격, 성숙한 출판문화가 일본을 일종의 '인식 혁명'의 선두주자로 이끌었다.

'화혼양재'에 발목 잡힌 일본

'적극적이고 충실한 번역'이 일본을 '근대화의 우등생'으로 만든 원동력이었다는 사실에 누구도 이견을 달기 쉽지 않다. 일본은 치열하게 고민했다. 나를 포함한 한국인은 이 이야기를 들을 때면 상대적으로 부럽고 속상해진다. 근현대사를 공부할 때마다 가슴이 답답하고 안타까워지는 대목이다.

하지만 일본이 서구 번역에 임했던 자세 중 일부 요소가 요즘 '일본의 위기'를 부른 것은 아닐까 하는 생각도 든다. 바로 필요한 알맹이만 쏙 빼먹겠다는 '선택적 수용'의 문제다. 당시 일본의 근대화 구호인 '화혼양재和魂洋才'에 함축적으로 드러나는 사고방식이다. 서구 식민지로 전락할 위험 속에서 부국강병이 지상과제였던 만큼, 속도와 효율을 최우선으로 한 선택적 수용은 어쩔 수 없는 전략이었다. '합리적 취사선택'에 가까운 결정이었다. 문제는 서양의 기술만 수용하겠다는 태도가 150년 이상 계속됐다는 점이다. 물론 일본은 나름 독자적인 발전을 통해 진화를 거듭했다. 하지만 결국 한계에 부딪힐 수밖에 없었고, 지금의 정체를 가져온 근본 원인의 하나가 된 것은 아닐까. 일종의 '압축적 근대화'의 후유증인 셈이다.

'단카이團塊 세대'를 작명한 것으로 유명한 사카이야 다이치堺屋太一의 저서 중 《일본을 이끌어온 12인日本を創った12人》(2006)이라는 책이 있다. 오늘날 일본인의 특성에 큰 영향을 미친 인물 12명을 선정해 그들의 업적을 소개하며 일본인의 정체성을 논하는 내용이다. 맥아더 장군이 들어가 있는 점이 이채롭다.

첫 번째 인물이 쇼토쿠聖德 태자인데, 그 이유가 "좋은 것은 기꺼이 취한다."는 의미의 '이이토코도리良いとこどり' 정신을 제창

했다는 점이다. 저자 사카이야는 당시 고대 일본이 불교를 수용하는 과정에서 토착 신앙과 갈등이 있었는데, 쇼토쿠 태자가 절충의 정신으로 대립과 갈등 없이 공존할 수 있게 만들었다고 설명한다. 그는 "쇼토쿠 태자가 세계 유일의 '습합習合'사상을 창안했다."며, 그 정신이 현재 일본을 만드는 데 이바지했다고 평가한다.[29]

사카이야 다이치뿐만 아니라 일본을 대표하는 지식인인 가라타니 고진柄谷行人, 마쓰오카 세이고松岡正剛도 비슷한 맥락의 주장을 편다. '선택적 수용'은 서구화 과정에서만 일어난 것이 아니라, 일본 고유의 전통이며 문화이자 일본 정체성의 핵심이라고 설명한다. 일본인이 '개량의 달인'으로 불리고, 도요타자동차의 혁신운동이 '가이젠改善'이란 점을 생각하면 수긍이 가는 해석이다.

그러나 원본이 없는 개량은 한계를 가질 수밖에 없다. 개량 전략은 '후발주자의 이익', 즉 시간과 비용을 크게 줄일 수 있었다. 하지만 '캐치업Catch-up'의 대상이 없어지고, '팔로우십Followship'이 아니라 리더십을 발휘해야 할 위치에 서면 당황하고 갈 길을 잃기 쉽다. 일본이 1990년대 들어 경제를 비롯한 여러 분야에서 추락한 데는 원본 창작에 대한 소홀과 고민 부족이 크게 작용했다.

더욱이 가라타니도 지적했듯이 "무엇이든 받아들인다."는 것은 사실 "아무것도 받아들이지 않는다."와 같은 뜻이다. 곰곰이 따져보면 일본은 외래문화 수용 과정에서 개량이 완료되면 원본을 철저히 따돌린 역사를 반복했다. 자신의 독특한 정체성을 유지했다고 볼 수 있지만, 일본이 열려 있기보다 닫혀 있다는 느낌을 주는 이유일 것이다. 하나 더, 최근에는 고도성장과 '잃어버린 30년'의 굴곡을 거치면서 일본 특유의 유연함과 겸손함마저 잃어버린 것 같다.

'어제'에 갇힌
일본을 생각한다

1980년대 말 20대에 일본으로 건너와 30년 넘게 살고 있는 지인이 있다. 그에게 일본 생활을 처음 시작할 때 느낌이 어땠냐고 물었다. 곰곰이 생각에 잠겼던 그가 읊조린 첫 마디는 이랬다. "자유!" 우리가 독재로 신음할 때 표현의 자유가 보장됐던 일본 사회의 분위기가 무척 신선하게 다가왔던 모양이었다. 또 풍요롭고 여유로워 보였다고도 했다. 한국인이라는 이유로 크고 작은 차별과 무시를 받던 나날에서도, 그런 일본이 속으로는 부러웠다고 회상했다.

내가 경험한 일본은 그와 달랐다. 일본에서 본격적으로 살았던 2007년~2012년 사이 한류는 일본에서 절정에 가까웠다. 정치·외교적으로도 한국을 우호적으로 보는 친한親韓 분위기가 높았다. 나는 '대접 받으며' 지냈다. 한국인이란 사실이 프리미엄으로 작용할 때가 많았다. 한류 전의 일본 그리고 이명박 전 대통령의 '일왕 사죄 요구 발언' 이후 급격히 싸늘해진 일본과 전혀 분위기가 다른 '좋은 시절'이었다.

우리는 일본에 대해 저마다 다양한 이미지를 갖고 있고, 그런 여러 이미지는 부침浮沈을 거듭해왔다. 한국이 일본에 비해 많은 것이 뒤처졌던 시절에 일본은 "밉지만 배워야 하는" 대상이었다. 그러나 일본이 '잃어버린 30년' 속에 무너져가는 모습을 보이면서 이제 그런 정서도 많이 옅어졌다. 특히 젊은 세대는 과거에 일본을 본보기로 삼았다는 사실 자체를 의아해한다. 우리에겐 오랫동안 우리를 압도했던 '일본 콤플렉스'가 아닌, 대등한 눈높이에서 그들을 찬찬히 바라볼 수 있는 여유가 생겼다.

일본은 정말 선진국일까?… 해제되는 '선진국론'

"일본은 선진국"이라는 오래된 믿음도 마찬가지로 해체되고 있다. 아니, 일본뿐만 아니라 미국과 유럽에 가졌던 선진국에 대한 환상에도 금이 가고 있다. 그들이 선진국이란 명성에 걸맞지 않게 코로나19에 우왕좌왕하며 실망스러운 모습을 보인 것이 결

일본이 선진국이라는 착각

정적이었다. 막연한 동경의 대상이었던 선진 국가들이 줄줄이 민낯을 드러냈다. 특히 일본은 실망을 넘어 한심스러운 모습을 보여주면서 많은 이가 회의를 품었다.

사실 '선진국론' 자체가 강박에 가까운 허상인 만큼 당연한 결과다. 선진국론은 서구 우월주의 시각에서 국가의 서열화를 정당화하는 논리에 가깝다. 세계의 여러 나라를 선진국과 후진국으로 나누고 끊임없이 줄을 세우려는 불온한 의도가 숨어 있다. 김종태는 《선진국의 탄생》에서 "선진국에 대한 열등감은 곧 후진국에 대한 우월감"을 뜻한다며, "선진국 담론은 서구의 오리엔탈리즘과 유사한 인식체계"라고 지적한다. 이제 우리는 선진국에 대한 집착에서도 조금씩 자유로워지고 있다.[1]

물론 사전적인 의미인 '앞서가는 나라'로 해석한다면 일본은 아시아에서 독보적으로 '앞서갔던' 나라임에 틀림없다. 거의 모든 분야에서 '근현대 아시아 넘버원'은 일본 차지였다. 에즈라 보걸이 《일등국가 일본》에서 말했듯이 일본은 아시아를 넘어 세계적으로도 선도적인 국가였다.

그러나 과거에 앞서갔다는 사실이 문제를 앞서 해결했음을 뜻하지는 않는다. 앞선 장에서 보았듯이 일본은 근대화 과정에서 생겼던, 그리고 원래부터 일본 사회가 갖고 있던 수많은 모순과 과제를 적당히 봉합한 채로 지나쳤다. 효율과 속도를 지나치게 중시한 탓이리라. '좋은 게 좋은 것'이라는 분위기 속에서 산

적한 문제를 미뤘다. 계속된 전쟁과 불황이라는 위기를 핑계로
댔고 고도성장의 풍요로움도 초점을 흐렸다. 전근대적인 관행도
'일본의 전통'이라며 옹호했다. 결국 인권 문제와 젠더 문제 등
이 계속 곪다가 동시다발적으로 터지고 있다.

'제조업 시대' 방식에 집착하는 일본… '패러다임의 경착륙'?

일본은 20세기 제조업 시대의 강자였다. 기업, 은행, 정부가
'올 재팬All Japan'이라는 한 팀이 되어 무섭게 세계시장을 휩쓸었
다. 사회 시스템도 제조업 시대에 맞춰졌다. 남자는 근면 성실하
게 일하면 평생직장이 보장됐고, 여자는 전업주부로서 가사와
육아에 전념하면 충분했다. 대량생산 시대에 '1억 총 중류'는 집
단주의적인 가치관을 공유하며 고도성장의 과실을 누렸다. 개인
은 사회가 정해놓은 삶의 궤도를 크게 이탈하지 않는다면 어느
정도 '행복'이 보장됐다.

그러나 일본은 거품경제의 붕괴와 함께 찾아온 패러다임의
전환에 크게 당황했다. '성공의 저주'였을까. 일본은 제조업 시대
와 상반되는 시대의 요구에 저항하고 과거 방식을 고집했다. 좋
은 제품을 만들면 무조건 팔린다는 '기술 신앙'을 놓지 못해 일
제 상품은 서서히 외면을 받았고, 권위주의적인 일 처리와 수직

적인 인간관계는 젊은 세대와 끊임없는 불협화음으로 이어졌다. 패러다임의 연착륙 실패, 즉 경착륙이었다.

'잃어버린 30년'을 보내면서, 일본도 시대의 패러다임이 바뀌었음을 뼈아프게 통감했다. 네트워크의 시대, 공유의 시대 그리고 소통의 시대에 더 이상 과거 방식이 작동하지 않음을 절감했다. 다시 시대의 흐름을 타고 싶은 마음은 간절하지만, 그동안 거듭 실패를 맛보고 상처를 입은 탓에 바닥까지 떨어진 자신감을 회복하지 못하고 있다. 변화의 시대에 도전하기보다 현실에 안주하며 '완만한 몰락의 길'을 가고 있다. 다수 일본인은 커져가는 불안감과 팽배한 불만을 외부로 돌리며 위안을 삼고 있다.

'잃어버린 시대'에 갇힌 일본… 우리는 어떤 길을 가야 할까

일본이 '잃어버린 시대'에 접어들면서 유행한 단어 중에 '폐색감閉塞感'이라는 말이 있다. '폐색'의 사전적인 의미는 '닫혀서 막힘'이다. 앞이 안 보이고 뭘 해도 잘 되지 않아서 사방이 꽉 막힌 것 같은 불안감을 의학 용어인 '폐색증閉塞症'에 비유한 것이라고 한다. 왜 많은 일본인이 그 오랜 세월 '폐색감'을 느끼면서도 문제에 정면으로 맞서지 않은 것일까?

한 일본인 지인은 일본이 강한 충격이나 시련을 겪어보지 않아서 '잃어버린 시대'에 갇혀버린 것 같다고 진단했다. 그는 한 예로 일본도 한국처럼 외환위기를 맞았다면 '잃어버린 30년'은 없었을지도 모른다고 말했다. 나는 우리가 외환위기로 얼마나 큰 고통을 겪었는지 아느냐며 펄쩍 뛰었다. 하지만 그가 말하려는 뜻은 충분히 전해졌다. 그의 말에서는 '비커 속의 개구리'처럼 서서히 쇠락하는 일본에 대한 안타까움이 배어 나왔다.

어쩌면 계속됐던 '행운'이 지금 일본의 발목을 잡고 있는지도 모른다. 일본은 전쟁을 일으키고도 지정학적 위치와 냉전 그리고 미국의 일본 우선 정책 덕분에 제도적 민주화와 경제적 성장을 이룰 기회를 얻었다. 그렇지만 그 '행운' 때문에 과거의 잘못을 제대로 반성하고 제대로 고칠 기회를 흐지부지 놓쳐버렸다. 오랫동안 미뤄뒀던 대가를 나눠서 치르고 있는지도 모른다.

나는 책을 쓰면서 계속 "우리는?"이라는 질문이 떠올랐다. 때로는 일본 걱정할 상황이 아닌 것 같다고, 일본의 이야기가 우리의 이야기 같다고 느꼈다. '일본' 대신 '한국'을 넣어도 어색하지 않은 부분도 적지 않았다.

이런 생각이 든 것은 그만큼 우리가 일본의 영향을 많이 받았기 때문이다. 문제는 그 과정에서 일본의 잘못마저 따라가고 있다는 점이다. 인정하기 싫지만 일본은 "유쾌하지 않은 근대화의 매개자"였다. 우리는 일본이 번역한 서구를 다시 번역했다. 우리에게 서구화는 중역重譯, 즉 이중번역 과정이었다. 우리는 근대화 과정에서 자의 반 타의 반 일본의 시스템을 학습하고 모방했다. 해방 전 일제강점기에는 대부분 '선택지가 없는 타의'였다면, 해방 후에는 '선택지가 적은 자의'였다. 일본을 따라간 덕분에 시행착오를 많이 줄일 수 있었지만, '압축 근대화' 과정에서 발생한 후유증은 지금도 우리 사회의 발목을 잡는 질곡이 되고 있다.

그래서 우리를 이해하려면 일본을 제대로 알아야 할 필요가 있다. 인정하든 하지 않든 일본은 우리를 구성하는 커다란 조각 중 하나다. 기분 나쁘다고 무시하면 우리는 영영 '정체성의 퍼즐'을 제대로 맞출 수 없다. 여전히 우리 곳곳에 묻힌 유골과도 같은 진실을 캐어 드러내고 깨끗하게 털어내야 한다. 일본을 통해 우리 자신을 되돌아보고 자기성찰의 기회로 삼았으면 한다.

Part 1. 일본은 '선진 법치 국가'일까

1   일본 변호사연합회,《변호사백서 2019년판(弁護士白書 2019年版)》, https://www.
     nichibenren.or.jp/document/statistics/fundamental_statistics2019.html
2   "国連委会合で〈黙れ!〉, 日本の人権人道大使に批判",《AFPBB News》, 2013年 6
     月 13日.
3   "元厚生労働事務次官·村木厚子(63) (5)貫いた〈最低限の目標〉",《産經新聞》, 2019
     年 10月 31日.
4   세기 히로시,《절망의 재판소》, 박현석 옮김, 사과나무, 2014, 159~162쪽.
5   김은경,〈세계 각국의 국가인권기구 설립 및 운영 현황 연구〉, 국가인권위원회,
     2017, 1187~1211쪽.
6   문준영,《법원과 검찰의 탄생》, 역사비평사, 2010, 511~548쪽.
7   헌법재판소 홈페이지. https://www.ccourt.go.kr/site/kor/stats/
     selectEventGeneralStats.do
8   박은경,〈법문화의 관점에서 바라본 일본 최고재판소의 소극적 위헌심사 경향〉,
     《원광법학》제36권 제3호, 원광대학교 법학연구원, 2020, 267~289쪽.
9   이경분,〈'기미가요'와 일본 우익: 국기국가 법제화(1999)를 중심으로〉,《아세아연
     구》제59권 제2호, 고려대학교 아세아문제 연구소, 2016.
10   이즈미 도쿠지,《이즈미 도쿠지, 일본 최고재판소를 말하다》, 이범준 옮김, 궁리,
     2016, 122쪽.
11   일본 법무성 홈페이지. http://www.moj.go.jp/housei/shihouhousei/
     housei01_00095.html
12   이즈미 도쿠지, 같은 책, 345쪽.

13 윤철홍, 〈'알기 쉬운 민법' 개정작업의 경과와 주요 내용〉, 《법조》 제65권 제1호, 법조협회, 2016.

14 "フォーラム: 〈#MeToo〉どう考える?", 《朝日新聞デジタル》, 2018年 1月 17日.

15 "성폭력에 무죄, 무죄, 무죄, 무죄… 분노한 일본 여성들", 《오마이뉴스》, 2019년 5월 13일.

16 한인섭, 〈"성폭력 조장하는" 대법원 판례?〉, 《성폭력 조장하는 대법원 판례 바꾸기 2차 자료집》, (사)한국성폭력상담소, 2006.

17 "夫婦同姓: 法律義務は日本だけ", 《毎日新聞》, 2015年 12月 13日.

18 "選択的夫婦別姓, 賛成69%. 50代以下の女性は8割超", 《朝日新聞デジタル》, 2020年 1月 27日.

19 "結婚前の姓を名乗れる選択的夫婦別姓 7割が〈賛成〉", 《NHK 政治マガジン》, 2020年 11月 18日.

20 센다 유키, 《일본형 근대가족》, 김복순 옮김, 논형, 2016, 47~54쪽.

21 久徳重盛, 《母原病―母親が原因でふえる子どもの異常》, 教育研究社, 1979.

22 "萩生田氏〈赤ちゃんはママがいいに決まっている〉", 《朝日新聞デジタル》, 2018年 5月 27日.

23 "帝王切開に〈あの痛み知らないんだ〉分娩自慢したママ友", 《朝日新聞デジタル》, 2018年 8月 29日.

24 "夫支えた〈妻を表彰〉, 時代遅れ? 廃止に受章者は複雑", 《朝日新聞デジタル》, 2018年 12月 22日.

25 윤혜원, 〈전후 일본 여성운동에 관한 연구: 가사노동문제를 중심으로〉, 《아시아여성연구》 제26권, 숙명여자대학교 아세아여성문제연구소, 1987.

Part 2_ 개인이 보이지 않는 사회, 일본

1 학문적 연구 흐름에 관해서는 다음 책에 잘 정리돼 있다. 한성열·한민·이누미야 요시유키·심경섭, 《문화심리학》, 학지사, 2015.

2 高野陽太郎, 《'集団主義'という錯覚―日本人論の思い違いとその由来》, 新曜社, 2008.

3 마루야마 마사오, 《일본의 사상》, 김석근 옮김, 한길사, 2012.

4 박훈, "한국의 개인, 일본의 개인", 《경향신문》, 2017년 2월 8일.

5 구마시로 도루, 《로스트 제너레이션 심리학》, 지비원 옮김, 클, 2014, 48~80쪽.

6   이누미야 요시유키, 《주연들의 나라 한국 조연들의 나라 일본》, 솔과학, 2017.

7   구마시로 도루, 같은 책, 120~159쪽.

8   일본 펀드레이징협회 조사연구 자료(기부백서), https://jfra.jp/research

9   이계탁, 〈공동모금제도의 정착 및 활성화 방안 연구〉, 《지역복지정책》 제11권, 한국지역복지정책연구회, 1997.

10 야나부 아키라, 《번역어 성립 사정》, 서혜영 옮김, 일빛, 2003, 18~23쪽.

11 야나부 아키라, 같은 책, 36~42쪽.

12 야나부 아키라, 같은 책, 148~166쪽.

13 진관타오, 〈중국 사회 근대적 전환의 역사단계: 키워드 중심의 관념사 연구〉, 이기윤 옮김, 《개념과 소통》 제2권 제2호, 한림대학교 한림과학원, 2009.

14 마루야마 마사오 · 가토 슈이치, 《번역과 일본의 근대》, 임성모 옮김, 이산, 2000, 87~90쪽.

15 마루야마 마사오, 《현대정치의 사상과 행동》, 김석근 옮김, 한길사, 1997.

16 佐々木毅 · 金泰昌 編, 《公共哲学3 日本における公と私》, 東京大学出版会, 2002, 293面.

17 하경표, 〈일본에 있어서 교육기본법개정의 의미와 전망〉, 《한국일본교육학연구》 제11권 제2호, 한국일본교육학회, 2007.

18 정기오, 〈한국과 일본의 교육기본법 비교분석〉, 《비교교육연구》 제28권 제3호, 한국비교교육학회, 2018.

19 정백 · 김태상, 〈한국과 일본의 시민사회 운동의 비교 및 과제〉, 《동서언론》 제12권, 동서언론학회, 2009.

20 권연이, 〈일본의 NPO정책과정에 관한 고찰: 정책 피드백과 시민단체의 제도화〉, 《한국정치학회보》 제53권 제5호, 한국정치학회, 2019.

21 이현선, 〈일본의 시민적 유산(civic legacy)의 유지와 변형〉, 《동북아 문화연구》 제1권 제29호, 동북아시아문화학회, 2011.

22 세기 히로시, 《절망의 재판소》, 121~123쪽.

23 이영훈, 〈갈등사회, 원인과 해법을 논한다〉, 《시대정신》 2011년 여름호, 뉴라이트재단, 2011.

24 강상중, 《떠오른 국가와 버려진 국민》, 노수경 옮김, 사계절, 2020.

25 개번 매코맥, 《일본, 허울뿐인 풍요》, 권숙인 외 옮김, 창비, 1998, 351~353쪽.

26 최은미, 〈미국의 외교정책이 전후처리에 미친 영향 연구: 독일과 일본의 전범 처리와 국가 간 배상 사례를 중심으로〉, 《동아연구》 제58호, 서강대학교 동아연구소, 2010.

27 김웅기, 〈日本의 '滿洲型' 發展모델이 朴正熙 政府 産業化에 미친 影響〉, 한국학

중앙연구원 박사학위논문, 2007, 111~123쪽.

Part 3_ 일본 정치는 왜 정체되고 있을까

1   박전열 외,《일본을 강하게 만든 문화코드 16》, 나무와 숲, 2000.

2   Karel van Wolferen, *The Enigma of Japanese Power: People and Politics in a Stateless Nation*,
    UK: Macmillan London, 1989.

3   스기타 사토시,《일본이 선진국이라는 거짓말》, 양영철 옮김, 말글빛냄, 2008,
    22~27쪽.

4   개번 매코맥,《일본, 허울뿐인 풍요》, 61~70쪽.

5   하야미즈 겐로,《라멘의 사회생활》, 김현욱·박현아 옮김, 따비, 2017, 157~163쪽.

6   戸部良一 等,《失敗の本質》, ダイヤモンド社, 1984, 348~407面.

7   "横行を考える是枝監督〈今日性浮き彫り〉",《毎日新聞》, 2018年 7月 18日.

8   World Bank, *Survey of Social Assistance in OECD Countries*, 1995.

9   와타나베 오사무 외,《기로에 선 일본》, 이유철 옮김, 메이데이, 2010. 제4장〈구조
    개혁이 만들어낸 빈곤과 새로운 복지국가 구상〉참조.

10 이광찬 엮음,《국민건강보장 쟁취사》, 양서원, 2009.

11 박혜원,〈일본 의료보장법제의 구조와 저소득층의 의료수급권〉,《사회보장법학》
    제4권 제2호, 한국사회보장법학회, 2015.

12 고마모메 다케시,〈1930년대 타이완에서의 미션스쿨 배격운동〉, 사카이 나오키
    외,《총력전하의 앎과 제도》, 이종호·임미진 외 옮김, 소명출판, 2014, 234~241쪽.

13 김동노 엮음,《일제 식민지 시기의 통치체제 형성》, 혜안, 2006, 24~31쪽.

14 이권희,《국가와 교육: 메이지 국민교육사》, 케포이북스, 2017, 288쪽.

15 赤木智弘,〈'丸山眞男'をひっぱたきたい――31歳, フリーター. 希望は, 戦争〉,《論座》,
    2007年 1月号.

Part 4_ 뒤처지고 있는 '일본주식회사'

1   "IMD〈世界競争力年鑑2020〉からみる日本の競争力 第1回: 日本の総合順位は30
    位から34位に下落",《MRIエコノミック・レビュー》, 2020年 10月 8日 등 일본 언론

기사 종합.

2 신상목,《학교에서 가르쳐주지 않는 일본사》, 뿌리와이파리, 2017.

3 카터 에커트,《제국의 후예》, 주익종 옮김, 푸른역사, 2008, 213~230쪽.

4 앨리스 암스덴,《아시아의 다음 거인》, 이근달 옮김, 시사영어사, 1990, 68쪽.

5 G. E. Hubbard, *Eastern Industrialization and Its effect on The West*, UK: Oxford University Press, 1938.

6 고바야시 히데오 외,《일본주식회사》, 김응렬 외 옮김, 일신사, 1998, 132~138쪽.

7 고바야시 히데오 외, 같은 책, 69~74쪽.

8 野口悠紀雄,《1940年体制―さらば戰時経済》, 東洋経済新報社, 2002年 新版, 78~88面.

9 나가노 신이치로,《상호의존의 한일경제관계》, 이른아침, 2009, 168~191쪽.

10 나가노 신이치로, 같은 책, 192~202쪽.

11 나가노 신이치로, 같은 책, 210~233쪽.

12 野口悠紀雄,《1940年体制―さらば戰時経済》, 136~145面.

13 松本厚治·服部民夫 共編,《韓國經濟の解剖: 先進國移行論は正しかったのか》, 文眞堂, 2001, 26~28面.

14 니시노 준야,〈한국의 산업정책 변화와 일본으로부터의 학습: 1960~70년대를 중심으로〉, 연세대학교 박사학위논문, 2005.

15 박규태,〈현대일본의 회사종교: 회사신사를 중심으로〉,《일본사상》제20호, 한국일본사상사학회, 2011, 25~49쪽.

16 이병태,〈노동법제와 일제 잔재〉, 한상범 엮음,《일제 잔재, 무엇이 문제인가》, 법률행정연구원, 1996, 93~98쪽에서 재인용.

17 이준식,《일제강점기 사회와 문화》, 역사비평사, 2014, 86~91쪽.

18 앨리스 암스덴, 같은 책, 220~238쪽.

19 野口悠紀雄,《1940年体制―さらば戰時経済》, 22~31面.

20 이재석,〈한국의 가족주의 경영에 대한 연구〉,《동양고전연구》제47권, 동양고전학회, 2012, 271~296쪽.

21 "日 '일하는 방식 개혁법' 시행… 초과근무 연간 720시간 제한",《연합뉴스》, 2019년 4월 1일.

22 스기타 사토시,《일본이 선진국이라는 거짓말》, 176~190쪽.

23 김영,〈일본 블랙 기업 노무관리 연구: 청년 노동자 갈아서 버리기(使い潰し)의 기법과 확산 배경〉,《산업노동연구》제22권 제2호, 한국산업노동학회, 2016, 243~282쪽.

Part 5_ 일본은 '문화 선진국'일까

1   일본 연간 영화 흥행 수입 순위. https://entamedata.web.fc2.com/movie/movie_j2019.html

2   정인선, 〈안정적인, 그러나 성장도 없는 일본 영화산업 현황〉, 《한국영화》 제80호 (2016년 11월호), 영화진흥위원회, 20~29쪽.

3   채경훈, 〈일본의 영화 산업과 독립영화 생태계〉, 《영화》 제12권 제2호, 부산대학교 영화연구소, 2019, 265~296쪽.

4   강성우, 〈쿨재팬이 일본 영화산업 발전에 미친 영향〉, 《동아시아 문화연구》 제69집, 한양대학교 동아시아문화연구소, 2017, 261~281쪽.

5   コミュニティシネマセンター, 《映画上映活動年鑑 2018》, 一般社団法人コミュニティシネマセンター.

6   이승희, 〈TV드라마〈사랑의 불시착〉의 서사 특징과 일본 4차 한류 현상의 상관관계 연구〉, 《스토리앤이미지텔링》 제20권, 건국대학교 스토리앤이미지텔링연구소, 2020, 227~259쪽.

7   심수진, 〈'TV 이탈'하는 젊은 층 잡기 위한 일본 민영 방송사의 전략〉, 《한국디자인리서치》 제5권 제3호, 한국디자인리서치학회, 2020, 9~21쪽.

8   田崎健太, 〈日本のドラマがこの10年で急速につまらなくなった, 本当の理由〉, 2017年 9月 3日. https://gendai.ismedia.jp/articles/-/52618

9   김일중·손태영·김치호, 〈OTT 플랫폼의 한국 드라마 서비스 확대와 드라마 제작사의 전략 변화: 동적역량관점을 중심으로〉, 《인문콘텐츠》 제59호, 인문콘텐츠학회, 2020, 155~194쪽.

10 澤田克己, "日本の若者が〈それでも〉韓流に熱狂するワケ―中高年が理解できない深層心理", 2020年 2月 17日. https://www.itmedia.co.jp/business/

11 太田省一, 《アイドル進化論》, 筑摩書房, 2011.

12 조은하, 〈한·일 아이돌 시스템 비교연구〉, 《한국콘텐츠학회논문지》 제19권 제9호, 한국콘텐츠학회, 2019, 221~232쪽.

13 김광희, 〈일본 AKB48 그룹의 운영 시스템과 그 전략에 관한 연구〉, 《한일경상논집》 제78권, 한일경상학회, 2018.

14 NIKE JAPAN 유튜브 동영상, 〈動かしつづける. 自分を. 未来を―The Future Isn't Waiting〉 https://youtu.be/G02u6sN_sRc

15 스테판 다나카, 《일본 동양학의 구조》, 박영재·함동주 옮김, 문학과지성사, 2004.

16 이토 주타(伊東忠太) 그림, 1919년, 일본건축학회 소장.

17 조던 샌드, 《제국일본의 생활공간》, 박삼헌 옮김, 소명출판, 2017, 1~11쪽.

18 조던 샌드, 같은 책, 318~332쪽.

19 박양신, 〈근대 초기 일본의 문명 개념 수용과 그 세속화〉, 《개념과 소통》 제2호, 한림대학교 한림과학원, 2008, 33~74쪽.

20 안영은, 〈오봉(吳鳳)을 찾아서: 이야기 생산, 유통, 재생산을 중심으로〉, 《중국문화연구》 제20호, 중국문화연구학회, 2012.

21 김남은, 〈福沢諭吉의 아시아 인식: 조선인식을 중심으로〉, 《일본연구》 제27호, 중앙대학교 일본연구소, 2009.

22 이연숙, 《국어라는 사상》, 고영진·임경화 옮김, 소명출판, 2006.

23 마루야마 마사오·가토 슈이치, 《번역과 일본의 근대》, 12~29쪽.

24 마루먀아 마사오·가토 슈이치, 같은 책, 30~35쪽.

25 페데리코 마시니, 《근대 중국의 언어와 역사》, 이정재 옮김, 소명출판, 2005, 142~159쪽.

26 마루먀아 마사오·가토 슈이치, 같은 책, 57~66쪽.

27 김효전, 《법관양성소와 근대한국》, 소명출판, 2014, 587~598쪽.

28 김효전, 같은 책, 598~611쪽.

29 堺屋太一, 《日本を創った12人》, PHP文庫, 2006.

나가며

1   김종태, 《선진국의 탄생》, 돌베개, 2018, 234~251쪽.

일본이 선진국이라는 착각

어제에 갇힌 일본에서 무엇을 배울 것인가

1판 1쇄 발행일 2021년 6월 21일
1판 2쇄 발행일 2021년 7월 12일

지은이 유영수

발행인 김학원
발행처 (주)휴머니스트출판그룹
출판등록 제313-2007-000007호(2007년 1월 5일)
주소 (03991) 서울시 마포구 동교로23길 76(연남동)
전화 02-335-4422 **팩스** 02-334-3427
저자·독자 서비스 humanist@humanistbooks.com
홈페이지 www.humanistbooks.com
유튜브 youtube.com/user/humanistma **포스트** post.naver.com/hmcv
페이스북 facebook.com/hmcv2001 **인스타그램** @humanist_insta

편집주간 황서현 **편집** 김주원 김선경 **디자인** 최우영
용지 화인페이퍼 **인쇄** 청아디앤피 **제본** 정민문화사